Hamza Saad

Zastosowanie eksploracji danych

Hamza Saad

Zastosowanie eksploracji danych

poprawa wyników oceny

Wydawnictwo Bezkresy Wiedzy

Imprint
Any brand names and product names mentioned in this book are subject to trademark, brand or patent protection and are trademarks or registered trademarks of their respective holders. The use of brand names, product names, common names, trade names, product descriptions etc. even without a particular marking in this work is in no way to be construed to mean that such names may be regarded as unrestricted in respect of trademark and brand protection legislation and could thus be used by anyone.

Cover image: www.ingimage.com

This book is a translation from the original published under ISBN 978-620-2-31842-6.

Publisher:
Wydawnictwo Bezkresy Wiedzy
is a trademark of
Dodo Books Indian Ocean Ltd., member of the OmniScriptum S.R.L Publishing group
str. A.Russo 15, of. 61, Chisinau-2068, Republic of Moldova Europe
Printed at: see last page
ISBN: 978-620-2-44666-2

Spis treści

Streszczenie

Wielu pracowników działu produkcji libijskiego przedsiębiorstwa włókienniczego pracuje z różnymi osiągnięciami. Plan zarządzania przedsiębiorstwem polega na wypłacaniu pieniędzy zgodnie z konkretnymi wymaganiami dotyczącymi wydajności i jakości dla każdego pracownika. Dlatego ważne jest, aby przewidzieć dokładną ocenę pracowników, aby wydobyć wiedzę dla kierownictwa, ile pieniędzy będzie płacić jako pensja i zachęta. Na przykład, jeśli ocena jest przeciętna, wówczas kierownictwo firmy wypłaci część wynagrodzenia. Jeśli ocena jest dobra, wówczas wypłaci pełne wynagrodzenie, ponadto, jeśli ocena jest doskonała, wówczas wypłaci wynagrodzenie plus procent motywacyjny. Dwanaście zmiennych z 121 przypadkami dla każdej ze zgromadzonych zmiennych w celu przewidzenia oceny procesu dla każdego pracownika. Przed rozpoczęciem klasyfikacji, wybór cech używany do przewidywania wpływowych zmiennych, które mają wpływ na proces oceny. Następnie, cztery algorytmy oparte na drzewach decyzyjnych zastosowane do przewidywania wyników i wyodrębnienia ważnej zależności pomiędzy danymi wejściowymi i wyjściowymi. Również te algorytmy wykorzystywane do przewidywania ważnych zmiennych, na podstawie których zmienna wpływa na wynik i czy zmienna ta ma taką samą wydajność we wszystkich zastosowanych algorytmach. Aby zapewnić najwyższą dokładność, algorytm ensemble (Bagging) używany do rozmieszczenia czterech algorytmów drzew decyzyjnych i przewidzenia najwyższego wyniku przewidywania 99,16%. Błędy standardowe dla czterech algorytmów były bardzo małe; oznacza to, że istnieje silna zależność między predyktorami i zależnymi (ocena). Krzywa charakterystyki pracy odbiornika (Receiver operating characteristics) dla algorytmów dała wysoki poziom specyfiki i czułości, a wykresy wzmocnienia były bardzo zbliżone do siebie. Zgodnie z wynikami i w oparciu o potwierdzone zmienne Operatora, Wydajności Pracownika i Szybkości Produkcji, kierownictwo firmy powinno podjąć logiczną decyzję o ocenie procesu produkcyjnego i zastosować te zmienne w celu zbudowania solidnej decyzji i usprawnienia procesu oceny.

Słowa kluczowe, Algorytmy oparte na drzewach decyzyjnych, Algorytm znakowania, wydajność pracownika, klasyfikacja.

1 Wprowadzenie

Eksploatacja danych odgrywa istotną rolę w przewidywaniu planu działania w zakresie produkcji i produkcji. Wiele firm wprowadziło eksplorację danych jako narzędzie do rozwiązywania złożonych problemów i wydobywania wiedzy z ogromnych i niejasnych danych. Proces produkcyjny jest bardzo skomplikowany do zrozumienia przez tradycyjne techniki, więc analiza statystyczna i narzędzia jakościowe nie są w stanie obsłużyć wszystkich codziennych danych. Tak więc eksploracja danych jest właściwą techniką wykorzystywaną do wydobywania podstawowej wiedzy w celu zbudowania relacji między zmiennymi i podjęcia właściwej decyzji o usprawnieniu procesu oceny (Krogh, Vedelsby, 1995), badanie to jest związane z procesem produkcyjnym służącym przewidywaniu wydajności każdego twardego pracownika w oparciu o możliwe zmienne wejściowe. Dane przemysłowe są bardzo skomplikowane do zrozumienia przez algorytmy eksploracji danych, ponieważ algorytmy, które mogą zrozumieć te dane, muszą być brane pod uwagę przed wykonaniem jakiegokolwiek procesu analizy.

Firma posiada różne działy, a każdy dział obejmował wiele jednostek o innym typie zadań, każda jednostka posiada szereg pracowników o różnych umiejętnościach, wykształceniu, kwalifikacjach i wieku. Dlatego też ocena musi być różna w zależności od rodzaju umiejętności i szkolenia. Doskonała ocena prowadzi do optymalizacji kosztów, a każda zła ocena oznacza, że odpowiednie pieniądze i zachęty trafią do niewłaściwego pracownika. Istnieje kilka problemów z dokładną oceną w dużej firmie, ale w tym badaniu otrzymaliśmy wiele skarg od pracowników, którzy uzyskali złą ocenę. Wiele uwagi można poświęcić analizie dokładnego problemu i usprawnieniu procesu oceny w tej firmie. Statystyki mogą być stosowane do pomiaru procesu lub rejestrowania przypadków, jednak, aby uzyskać większą koncentrację na procesie oceny, eksploracja danych musi być wykorzystana w tym badaniu, aby wydobyć ważną wiedzę i zbudować właściwą decyzję dotyczącą każdego pracownika w procesie produkcji.

Niewiele badań koncentrowało się na ocenie pracowników, szczególnie w produkcji i produkcji. (Dietterich, 2000) wykorzystał metodologię eksploracji danych do wyodrębnienia istotnych wzorców z instytucjonalnej bazy danych. Różne algorytmy danych, takie jak zasady asocjacji i środki K stosowane do przewidywania wyników oceny. (Freund and Schapire, 1996) obecna ocena wyników musi wspierać zalecenia dotyczące dostosowania wysokości wynagrodzenia za zasługi oraz wzrostu wynagrodzenia za zmianę grupy zaszeregowania lub grupy zaszeregowania. Pomaga to również przełożonym w znalezieniu odpowiedniej wydajności, która odpowiada odpowiedniemu wynagrodzeniu, a tym pracownikom, którzy osiągają doskonałe wyniki, należy poświęcić szczególną uwagę w celu optymalizacji współczynnika wypadkowości poprzez podejmowanie działań w określonym czasie. Drzewo decyzyjne jest stosowane poprzez skupienie się na poszczególnych zmiennych, które mają wpływ na proces końcowy. (Rokach, Maimon, 2014) przewidywanie całościowej oceny dotyczącej wybranych danych. Niektóre zmienne mają słaby wpływ, np. atrybut wieku nie miał istotnego wpływu, podczas gdy stan cywilny i płeć przedstawiły ważne prognozy do oceny wyników.

W przemyśle, dane nie mogą być obsługiwane bezpośrednio przez algorytmy eksploracji danych; trudności wynikają z (nieliniowe, pominięte, tendencyjne, skrajne itp.), więc złe relacje i interakcje prowadzą do złej dokładności przewidywań, czy to w klasyfikacji, regresji, czy też wyników klastrów. Z drugiej strony, nie wszystkie algorytmy mogą dać ten sam wynik lub zrozumieć złożone dane we właściwy sposób. Jeżeli dane niesklasyfikowane jako nieaktywne są danymi sklasyfikowanymi w większym lub równym stopniu, wówczas w większości przypadków przemysłowych trudno jest potwierdzić decyzję. Jednak złą dokładność wynika bardziej z danych przemysłowych i produkcyjnych niż z innych dziedzin, takich jak opieka zdrowotna. W sekcji 3.1 niniejszego opracowania algorytmy zostały uszeregowane na podstawie najważniejszego algorytmu w eksploracji danych, który może zajmować się skomplikowanymi danymi. W tej randze, C4.5 lub drzewo decyzyjne zostało sklasyfikowane jako pierwszy algorytm zdolny do rozwiązywania bardzo skomplikowanych danych, czy to w przemyśle, czy nawet w półprzewodnikach.

Wiele algorytmów stosowanych w przemyśle, ale tylko drzewa decyzyjne dały wyrafinowany wynik, czy to do regresji, czy też klasyfikacji, ponieważ algorytm drzewa decyzyjnego zastosował do klasyfikacji danych opartych na każdej kategorii oceny w przedsiębiorstwie przemysłowym. Drzewo decyzyjne nie było jednak stosowane tylko jako algorytm C4.5, ale w celu przewidywania danych produkcyjnych stosowano w oparciu o profesjonalne techniki, takie jak boosted, bootstrapping i Chi-square. Tak więc, uzyskując ostateczne przewidywanie przy użyciu wszystkich algorytmów drzewa decyzyjnego, uczenie się zespołu (Bagging Algorithm) używane do wdrożenia wszystkich algorytmów w celu uzyskania jednego wyniku i lepszego przewidywania.

Drzewa decyzyjne charakteryzowały się wysoką wydajnością w zakresie przetwarzania danych liniowych i nieliniowych. Jednak jeden algorytm ma ograniczoną wydajność przewidywania. Wiele algorytmów używanych do klasyfikacji danych produkcyjnych, ale większość wyników to niska dokładność i wysoki standardowy błąd. W związku z tym drzewo decyzyjne potwierdziło w badaniu, że dane należy rozwiązywać z uwagi na wiele korzyści: -

1- Drzewo decyzyjne dokonuje wyboru cech lub przesiewania
zmiennych. 2- Drzewo decyzyjne wymaga niewielkich wysiłków ze
strony użytkowników w celu przygotowania danych.
3- Nieliniowe relacje pomiędzy zmiennymi nie mają wpływu na wydajność
drzewa. 4- Łatwo jest to wyjaśnić i zinterpretować.

2 Przegląd literatury dla koncepcji procesu ewaluacji

Więcej badań i studiów przypadku uwzględniających modele i procedury oceny pracy pracowników przedstawione i nakreślone w recenzowanych pracach naukowych. W wielu publikacjach opisano problematykę oceniania z różnych perspektyw. Jednakże, co można znaleźć w brakującym punkcie w dostarczaniu praktycznego przykładu modelu oceny pracy pracowników, który wiele firm może posłużyć jako punkt odniesienia do uzyskania dokładnej oceny. Z drugiej strony, autorzy dostarczyli dodatkowych informacji, które uzupełniają i wspierają model praktyczny. (Verweire i Van den Berghe, 2004) zdefiniowali wydajność organizacyjną jako "system raportowania i pomiaru, który określa stopień, w jakim menedżerowie mogą osiągnąć swoje cele". Można zauważyć, że koncepcja ta uwzględnia nie tylko menedżerów, ale także pracowników, którzy są odpowiedzialni za realizację celów zgodnie ze standardami i przepisami organizacyjnymi.

(Mathis i Jackson, 2011) stwierdzili, że pracownicy wykonujący ocenę pełnią dwie znane im role w każdej organizacji przemysłowej:

- Podejmowanie decyzji administracyjnych dotyczących pracowników i powinno obejmować te kwestie (wynagrodzenie, zwolnienie, awans, zwolnienia, redukcja zatrudnienia).
- Przygotowanie planu możliwości rozwoju pracowników (określenie obszarów wzrostu lub mocnych stron, rozwój kariery i trener).

Przy usprawnianiu i usprawnianiu oceny systemowej pracowników (Grigoroudis i Zopounidis, 2011) zasugerowano, że kierownictwo organizacji powinno wziąć pod uwagę te punkty:

- Kto może profesjonalnie zaprojektować proces oceny?
- Kto może ocenić pracowników?
- Kto może przeglądać wyniki oceny?
- W jaki sposób wydobywane wyniki mogą być wykorzystane do usprawnienia procesu?

Punkty te mogą być zrozumiałe dla każdej firmy, a w szczególności studium przypadku, które odnosiło się do poprawy dokładności oceny w celu sprostania właściwej wydajności pracowników sektora tekstylnego.

Autorzy zaproponowali również kryteria ewaluacji w celu opracowania systemu zarządzania ewaluacją pracowników dla systemu ochrony zdrowia, który jest powiązany z czterema podstawowymi wymiarami: **1**. Zawartość pracy;

2. Praktyki pracy; **3**. wydajność pracy; oraz **4**. Jakość pracy i komunikacji. Ocena wyników pracy pracowników jest częścią całościowych wyników zarządzania w oparciu o (Mone et al, 2011), obejmowała pięć następujących po sobie działań:

1. Wyznaczanie wyników i rozwój celów.

2. Zapewnienie ciągłego rozpoznawania i informacji zwrotnej.

3. Zarządzanie rozwojem pracowników.

4. Przeprowadzanie dwuletnich i rocznych ocen.

5. Budowanie atmosfery ciągłego upodmiotowienia.

W ramach modelu oceny pracy pracowników można wykorzystać trzy podstawowe metody i podzielić je na trzy grupy: metody oceny wielokrotnej, metody oceny indywidualnej oraz innych opartych na metodach wieloosobowych. Trzecia grupa obejmowała przegląd w terenie i testy wydajności. Jednak wszystkie techniki zaproponowane w przeglądzie literatury mają wadę subiektywnej oceny (Davi, 2011).

(Seong i Injoo, 2004) zajmowały się samą oceną modelu wydajności, która obejmowała etapy takie jak bieżący pomiar wydajności, analizowanie zmierzonych danych, interpretacja wyników analizy, a następnie iteracja wyników aż do uzyskania poprawy w obecnym modelu wydajności na etapie docelowym. Dokładnie, zgodnie z wynikami badań, ocena modelu działania obejmowała pięć etapów: przygotowanie, pomiar, analiza, interpretacja, a ostatnim etapem jest informacja zwrotna.

(Smith i in., 2010) stwierdzili, że sprawiedliwy i skuteczny proces oceny wyników opiera się na istotnych elementach składowych, do których należą uzgodniony zestaw kompetencji, oświadczenia o określonym obowiązku oraz spójne standardy praktyki. Zgodnie z tymi blokami, pierwszym elementem procesu oceny są kompetencje, które są zbiorem wiedzy, uzupełniających się umiejętności i postaw, które pozwalają pracownikom wykonywać swoją pracę. Kompetencja to zastosowanie umiejętności i wiedzy ważnych dla prowadzenia pracy. Poziom kompetencji poszczególnych pracowników, którego można się spodziewać po ich kwalifikacjach, rolach kierowniczych/nadzorczych oraz odpowiedzialności w firmie lub w miejscu pracy.

Kolejnym elementem procesu oceny są standardy praktyki, zwane również oczekiwaniami w zakresie wydajności. Standardem jest wykazanie kompetentnego poziomu wydajności dla konkretnej pracy pracownika. Standardy praktyki są niezbędne, aby zminimalizować subiektywność w procesie oceny wyników. Każda norma zawierała kryteria pomiarowe. Aby norma została potwierdzona, muszą zostać spełnione wszystkie kryteria. Standard pozostawał stosunkowo stabilny w czasie. Jednakże kryteria pomiarowe mogą być częściej poddawane przeglądowi w celu odzwierciedlenia postępów w zakresie oczekiwań w praktyce i wiedzy naukowej. Znaczenie standardu wynikało z tego, co ma być wykonywane i jak być wykonywane.

Ponadto ostatnie trzy bloki to deklaracja służbowa, która stanowi jasny i zwięzły wykaz niezbędnych cech obszarów pracy lub zadań dla danego stanowiska wykonywanego zgodnie z normą. Deklaracja obowiązków mówiła, co ma być wykonywane, a nie jak być wykonywane, opisywała zachowania zawodowe, jakich oczekuje się od każdego pracownika. Obowiązek jest wymieniony w randze ważności, aby uzyskać wysoką ocenę. (Harbour, 2009) Przedstawił wyrafinowany punkt dotyczący "paradoksu wydajności", który odnosił się do tego, co robiło, a czego nie robiło lub co robiło, a czego nie skutkowało. Wydajność dowolnego obiektu lub jednostki, składającej się z pracowników w firmie, ma praktyczne przeszkody - poprawiła się w mniej więcej zmodyfikowany logistyczny lub wykładniczy sposób funkcjonalny. Ponadto, wydajność ma swoją przeszkodę; wydajność nabywa ostatecznie pewną technikę ograniczającą ścianę lub próg. Późniejsze wysiłki podejmowane przez

ulepszenia, niezależnie od poniesionych kosztów lub wysiłku, zazwyczaj skutkują niewielką wartością dodaną. Rozwiązanie tego problemu według danych (Harbour, 2009) jest innowacyjne.
Doskonała funkcjonalność modelowej oceny pracy pracowników jest również niezbędna do budowania organizacji, które muszą być oparte na zarządzaniu wiedzą. W zarządzaniu wiedzą w przedsiębiorstwach zasoby ludzkie koncentrują się na zwiększaniu potencjału rozwojowego pracowników oraz tzw. inteligencji organizacyjnej poprzez takie środki jak uczestnictwo, uczenie się, inicjatywa i współpraca (Volna i in., 2013). W dzisiejszych czasach znajomość globalnych rynków jest prawdziwą zaletą, ale uczenie się jest konieczne.
Wiele artykułów w literaturze przedmiotu zawiera przegląd źródeł, które dotyczą tematyki oceny pracownika. Wielu autorów opisało na przykład relacje między motywacją lub zadowoleniem z pracy pracowników a ich wynikami. Inne koncentrowały się na całej organizacji, oceniając, gdzie zawierały one wskaźniki niematerialne i wymierne. Jednak tylko kilka badań ustanowiło taki model oceny pracy pracowników, który może być praktycznie wykorzystany w firmach jako punkt odniesienia. (Fekete, 2014) wyjaśnił jeden taki praktyczny model w standardowym formularzu proceduralnym, który może posłużyć jako pomocny przykład do naśladowania go w różnych typach przedsiębiorstw. Model ten zawierał politykę wynagrodzeń i wyniki pracowników, zadając pięć pytań, które stanowiły podstawowe wytyczne. Standardowa procedura i praktyczny model oceny wyników pracy pracowników wyjaśnione na podstawie doświadczeń i informacji pochodzących od średniej wielkości przedsiębiorstwa przemysłowego w Republice Słowackiej.

2.1 Pomiar wydajności

Pomiar wydajności obejmuje raportowanie i gromadzenie danych, które mogą być wykorzystane do podsumowania i oceny sposobu prowadzenia programu. Wydajność pomiaru jest przeznaczona do produkcji w formie nonprofit może być wykorzystana do wzmocnienia programu w firmie studium przypadku, procesu zwykle opisywanego przez koncepcję ciągłego doskonalenia. Często dane z pomiarów wydajności są zbierane z pewną bezpośredniością i częstotliwością. Oznacza to, że dane z pomiarów wydajności, aby jak najlepiej poprawić wydajność programu jest oceniana i gromadzona podczas pracy pracowników, a nie dopiero po wyodrębnieniu cyklu programowego. Ogólnie rzecz biorąc, dane są zbierane w tej samej technice dla kolejnych pracowników, tak aby aktualizacja mogła być traktowana w czasie.

Znaczenie w pomiarze wydajności ma proces zarządzania wydajnością, w którym dane są pozytywnie wykorzystywane do weryfikacji bieżącego programu poprawy wyników i wydajności. Zarządzanie wydajnością to "dynamiczny i efektywny proces" stosowany w celu "generowania lepszych wyników dla pracowników". Zazwyczaj zarządzanie wydajnością będzie obejmowało procesy, które dostarczają danych w ramach formularze wpływu (takie jak łatwo przyswajalne raporty lub tablice rozdzielcze) na istotne osoby - od zarządu firmy, przez kadrę kierowniczą, aż po pracowników na pierwszej linii - a także szanse na to, by ostatecznie przeanalizować i podjąć decyzję w oparciu o te rozwiązania.

Aby być bardziej efektywnym, pomiar wydajności może opierać się na teorii zmian leżących u podstaw programu, techniki zmiany czegoś na temat świata. Teoria zmian może być rozumiana jako koncepcja mapy drogowej, która zwięźle określa, w jaki sposób serie działań mogą przynieść wymagany rezultat. Na przykład, program pozaszkolny, który wykorzystuje sport do poprawy wyników nauczania, mógłby powiedzieć, że poprawa umiejętności pracy zespołowej da większą pewność siebie i dyscyplinę, która z kolei przyczyni się do rozwoju wyników w klasie małych dzieci.

Teoria zmian jest zazwyczaj wyjaśniona bardziej formalnie w formie modelu logicznego, graficznie przedstawia sposób, w jaki program jest stosowany do pracy i uzyskiwania wyników. Model logiczny naśladuje drogę do celu. Wyraźniej zostanie wyjaśnione, jakie zasoby znajdują się we właściwym miejscu, jakie działania należy podjąć oraz jakie ulepszenia i zmiany (w perspektywie krótko- i długoterminowej) ostatecznie doprowadzą do osiągnięcia wymaganych wyników. Ponadto model logiczny określiłby, jakie pomiary mogą być wykonywane (tzn. jakie konkretne dane mogą być gromadzone), aby potwierdzić odpowiedni i oczekiwany postęp przeprowadzony w różnych punktach na danej ścieżce.

Te punkty danych stają się fundamentalne dla pomiaru wydajności i zarządzania. Różnica pomiędzy oceną i pomiarem wydajności w następnej sekcji pokazuje rodzaje istotnych pytań, na które można odpowiedzieć za pomocą danych z pomiaru wydajności. Na przykład, teoria programu dotycząca logiki/modelu zmiany powinna wskazywać, jaka konkretna populacja może być korzystna. W związku z tym, nonprofit może uzyskać dane na temat charakterystyki pracowników do zatwierdzenia, że program jest absolutnie służba pożądanej populacji. W ten sam sposób, model teorii zmian/logicznej może powiedzieć, że do wygenerowania wyniku potrzebny jest określony poziom programu (liczba godzin uczestnictwa). Ponadto, nonprofit może zbierać dane dotyczące usług, które pracownicy otrzymują, aby upewnić się, że każdy pracownik otrzymuje wymaganą liczbę godzin, klas lub usług.

2.2 Ocena

Dzięki pomiarowi odpowiedniej wydajności, personel programu może uzyskać wiele korzystnych informacji - danych, które mogą pomóc w poprawieniu wyników osiąganych przez klientów i świadczeniu usług. Dane pomiaru wydajności nie mogą jednak bezpośrednio odpowiadać na pytania o efekt programu - czy program sam wygenerował jakieś obserwowane wyniki. Dane dotyczące pomiaru wydajności nie muszą również odpowiadać na następujące pytania

pytania o to, jak działa program lub jak uzyskuje się wyniki. Aby odpowiedzieć na te pytania, wymagane są techniki oceny.

Ewaluacja obejmowała różne działania, które ustalały tło dla tego, co program robił i czy lub jak dobrze osiągnął swoje cele. Podczas gdy te techniki ewaluacji, jeśli są wykonywane prawidłowo, mogą dostarczyć zaawansowanych informacji na temat programu, nie wszystkie działania przynoszą bezpośredni skutek lub ustanawiają uogólniające podsumowanie tego, czy program był doskonały. Konieczne jest zrozumienie, na jakie pytania dotyczące oceny można odpowiedzieć. Ponadto techniki oceny powinny być postrzegane jako uzupełnienie - wykorzystanie wielu technik może stanowić ostateczny opis programu.

2.3 Różnica między oceną a pomiarem wykonania (Performance Measurement)

Linia podziału między oceną i pomiarem wyników, zwłaszcza w przypadku oceny formatywnej, może być niejednoznaczna, z pewnymi celami i wspólnymi działaniami dla obu tych obszarów. Jednakże, ogólnie rzecz biorąc, kilka rzeczy odróżnia pomiar wydajności od oceny.

Ocena jest dyskretna, podczas gdy pomiar wydajności jest w toku. Proces pomiaru wydajności jest częścią ciągłego doskonalenia, w którym dane są wykorzystywane, analizowane i raportowane tak blisko czasu rzeczywistego, jak to tylko możliwe, dając operatywną informację zwrotną i natychmiastowy dostęp pracowników do stanu programu. Ewaluacja, zarówno sumatywna, jak i formatywna, nie jest przeprowadzana w sposób ciągły, lecz raczej w określonych okresach realizacji lub rozwoju programu oraz w pożądanych ramach czasowych. Na przykład, ewaluacja formatywna może być osiągnięta w ciągu pierwszych sześciu miesięcy realizacji i planowania programu, natomiast ewaluacja sumatywna może być przeprowadzona w ciągu piątego roku przygotowanego programu.

Pomiar wydajności jest adaptacyjny i responsywny; ocena odpowiada na wcześniej zdefiniowany zestaw pytań. Podczas gdy pomiar wydajności jest potrzebny, aby odpowiedzieć na pytania dotyczące programu wykonawczego, pytania te są zmieniane i mogą się zmieniać wraz z rozwojem programu. Dane dotyczące samych pomiarów wydajności mogą dostarczyć dodatkowych pytań, na które należy odpowiedzieć i uzyskać nowe dane. Natomiast ewaluacja rozpoczyna się od zestawu pytań, a następnie stosuje odpowiednie techniki, aby odpowiedzieć na te określone pytania. Podczas gdy pytania powinny być dodawane lub dostosowywane w trakcie oceny, na ogół nie ulegają one zasadniczym zmianom.

Natomiast pomiar wydajności wykorzystywał program i dane o wynikach, które również mogą być zastosowane w ocenie. Zazwyczaj ocena obejmowała inne metody badawcze i zbieranie danych.

Pomiar wydajności stosuje dane, które mogą być rutynowo zbierane podczas operacji programu, takie jak narzędzia do oceny klientów oraz stosowanie usług, które mierzą wyniki. Ocena zazwyczaj rozszerza się na te źródła danych, jednak poprzez uzyskanie dodatkowych danych z badania, obserwacji bezpośrednich lub innych środków. Ponadto, często w ocenach stosuje się techniki jakościowe, takie jak grupy fokusowe i wywiady w celu zebrania informacji o doświadczeniach klientów lub pracowników.

W większości przypadków pomiar wydajności przeprowadzany jest przez pracowników programu i zazwyczaj ocena dokonywana jest przez osoby spoza programu. Chociaż nie jest to regułą szybką i twardą, pracownicy programu najbardziej angażują się w zbieranie danych i badanie pomiarów wydajności, chociaż większe organizacje non-profit mogą zatrudniać specjalistów zajmujących się pomiarem wydajności lub pracą zespołową, którzy pomagają w tej pracy. Natomiast ocena przeprowadzana jest zazwyczaj przez zewnętrznego ewaluatora. Ewaluator może być organizacją wynajętą przez organizację nienastawioną na zysk lub całkowicie oddzielną osobą albo może być odrębną jednostką oceniającą w ramach samej organizacji nienastawionej na zysk. Głównymi przyczynami zatrudnienia zewnętrznego ewaluatora są uzyskanie bardziej obiektywnych ocen, które mogą zostać ustalone przez pracowników programu wewnętrznego lub dostęp do wiedzy specjalistycznej i umiejętności, które nie istnieją w ramach organizacji non-profit.

3 Przegląd zagadnień związanych z wydobyciem danych jako etap procesu KDD i jego algorytmów

Data mining jest jednym z etapów procesu odkrywania baz danych wiedzy (KDD). Chociaż istnieje wiele technik eksploracji danych, wszystkie one mają swoje podstawowe podstawy oparte na systemach naukowych, takich jak uczenie się maszynowe lub statystyka (wielowymiarowa analiza statystyczna). Idea data mining łączy w sobie znalezienie ukrytych informacji dla człowieka, ze względu na ograniczenia czasowe z komputerową prędkością obliczeniową w ogromnej ilości danych, które codziennie generowane są przez skomplikowany system, taki jak przemysł włókienniczy (Jacobson i Misner, 2005). (Fayyad et al, 1996) zdefiniował proces odkrywania baz danych wiedzy, który obejmował eksplorację danych jako istotny krok jako nietrywialny proces identyfikacji nowych, ważnych, ostatecznie zrozumiałych wzorców i potencjalnie użytecznych w danych. Dodatkowe kroki w procesie odkrywania bazy danych wiedzy, takie jak oczyszczanie danych, przygotowanie danych, wybór danych, włączenie poprzedniej wiedzy oraz użyteczna interpretacja wyników w celu zapewnienia właściwego zrozumienia danych przemysłowych. Proces odkrywania baz danych wiedzy jest iteracyjny i interaktywny i obejmuje mniej lub więcej z przedstawionych etapów (Fayyad et al, 1996) i (Mitra et al, 2002). (Choudhary i in., 2009) podkreślili, że eksploracja danych jest interdyscyplinarnym przedsięwzięciem, którego ogólnym celem jest odkrywanie zależności w danych i przewidywanie wyników. W połączeniu z eksploracją danych zaawansowane algorytmy pozwalają na wykrywanie niewykrytych skojarzeń i nieprawidłowości wynikających z ogromnej ilości danych przechowywanych w hurtowni danych lub innych hurtowniach informacyjnych. Autorzy stwierdzili, że w kontekście produkcji lub klasyfikacji branżowej, dwa nadrzędne cele górnictwa danych na wysokim poziomie to opis i przewidywanie. Eksploatacja danych opisowych koncentruje się na odkrywaniu i znajdowaniu interesujących wzorców opisywania danych.

Ponadto w prognozowaniu skupia się na przewidywaniu zachowania się modelu i przewidywaniu przyszłych wartości wyodrębnionych zmiennych krytycznych w oparciu o bieżące informacje z bazodanowych dostępnych baz danych. Poprzednie cele można osiągnąć poprzez zastosowanie różnych narzędzi i algorytmów eksploracji danych, chociaż można opisać model predykcyjny, tak aby granice między nimi były ostre. Ważne jest, aby znaleźć typ wiedzy, który ma być wydobywany, ponieważ spełnia on funkcje eksploracji danych. W większości problemów produkcyjnych i przemysłowych, wymagane jest przeglądanie w postaci skompresowanych danych sumarycznych, terminów opisowych w celu uzyskania pełnego obrazu danych z dziedziny produkcji lub odróżnienia ich od podobnych klas. Ten typ eksploracji danych jest znany jako opis koncepcji i zawierał dyskryminację i charakterystykę, które są wykorzystywane przede wszystkim do zrozumienia procesu. Jeśli chodzi o opis koncepcji, wiele funkcji może rozróżniać planowanie prac, kontrolę jakości, konserwację, analizę usterek lub diagnozę usterek.

Kolejna ważna dziedzina w przemyśle i produkcji, którą jest funkcja uczenia się, czyli mapowanie pozycji danych w ramach jednej z wielu wcześniej ustalonych klas kategorycznych, zwanych klasyfikacją. Nazywa się to nadzorowanym uczeniem się w zakresie przeprowadzania analiz klas bazodanowych charakteryzujących się zmiennymi lub atrybutami z zestawu danych szkoleniowych. Następnie model wyuczony jest przedstawiany i wyszczególniany w formularzu zasad klasyfikacji, formułach matematycznych lub drzewach decyzyjnych. Co ważne, uzyskany model opiera się na dokładności klasyfikacyjnej, która jest stosowana do klasyfikacji danych testowych w celu przewidywania przyszłych przypadków. Ogólne metody stosowane do klasyfikacji to klasyfikacja bayesowska, indukcja drzewa decyzyjnego, sieci neuronowe i sieć przekonań bayesowskich. Inne metody i techniki, takie jak Case-Based Reasoning, K Nearest Neighbour, lasy losowe, drzewo wzmocnione, drzewo CHAID, algorytm genetyczny, Fuzzy Logic oraz różne metody hybrydowe są również stosowane do celów klasyfikacji (J. Han & M Kamber, 2001). Proces klasyfikacji jest korzystnym rozwiązaniem w wielu dziedzinach przemysłu lub produkcji. Obejmował on w tym przemyśle tekstylnym, klasyfikację ewaluacyjną w celu uzyskania wzorów i określenia zasad poprawy procesu ewaluacji. Jednym z przykładów klasyfikacji jest rozpoznawanie wykresu kontrolnego online dla celów kontroli procesów statystycznych. Technika ta opiera się na nienaturalnym powiązaniu wzorów przedstawionych na wykresie kontrolnym z konkretnymi przyczynami, które niekorzystnie wpływają na proces przemysłowy. Obecnie przewidywania dotyczące utrzymania ruchu, procesów produkcyjnych, procesu oceny, wykrywania usterek czy poprawy jakości stają się nieodzownym elementem. Jest ona identyfikowana jako funkcja uczenia się, która polega na mapowaniu pozycji danych do realnie oszacowanych przewidywań, aby zmienną. Wyniki przewidywań w klasyfikacji są generalnie postrzegane jako przewodzenie i zastosowanie modelu do przewidywania klasy próbki nieoznakowanej. Rzadko, ponieważ przygotowany model przewidywania zakresu wartości lub wartości atrybutu, który jest podany jako przykład, najprawdopodobniej będzie posiadał (Choudhary i in., 2009).

3.1 Algorytmy pozyskiwania danych w górnictwie

Niektóre algorytmy działają świetnie, a inne nie działają dobrze w niektórych przypadkach. Dane nie są takie same, niektóre dane są zorganizowane i mają silną zależność, dane te można rozwiązać za pomocą większości algorytmów eksploracji danych. Jednakże, dane zbierane z procesów przemysłowych i produkcyjnych nie mogą być analizowane przez żaden algorytm, ponieważ są duże, wielowymiarowe, pominięte, tendencyjne, nieliniowe, a nawet całkowicie niejednorodne. Powinno to być przetwarzanie wstępne lub filtrowanie do odpowiednich algorytmów. Wielu poszukiwaczy próbowało zbudować algorytm, który może zrozumieć te dane i osiągnąć wiele algorytmów, które mogą analizować dane przemysłowe, takie jak drzewo decyzyjne, reguły asocjacji, drzewo wzmocnione i inne. Ogólnie rzecz biorąc, (Wu et al, 2008) zrobił ankietę, aby uszeregować najbardziej profesjonalne algorytmy eksploracji danych, a oni uszeregowali dziesięć algorytmów w oparciu o stopień dokładności uzyskanej przy użyciu tego algorytmu do rozwiązywania heterogenicznych i złożonych danych, algorytmy te są:

1 Drzewo decyzyjne

(C4.5) **2** K oznacza

3 Maszyna wektorowa

wspomagająca (SVM) **4** Apriori

5 Oczekiwanie - maksymalizacja (EM)

6 PageRank (PR)

7 AdaBoost

8 K Najbliższy sąsiad

(kNNN) **9** Naive Bayes

10 Klasyfikacja i drzewo regresyjne (CART)

Niektóre algorytmy, o których mowa powyżej, oraz inne algorytmy wkrótce wyjaśnią, co następuje:

3.1.1 Drzewo decyzyjne

Drzewo decyzyjne jest profesjonalnym narzędziem wykorzystywanym do klasyfikacji i regresji do przewidywania wyników. Uczenie się drzew decyzyjnych jest algorytmem indukcyjnym opartym na instancjach, który koncentruje się na klasyfikowaniu zasad wyświetlanych jako drzewa decyzyjne wywodzące się z grupy instancji nieregularnych i nieuporządkowanych. W technice top-down recursive porównuje ona atrybuty między wewnętrznymi węzłami drzewa decyzyjnego, oceniając gałęzie w dół według różnych atrybutów węzłów i budując wnioski z węzła liścia w drzewie decyzyjnym. Tak więc, od korzenia do węzła liścia, który odpowiada zasadzie sprzężenia zwrotnego, oraz całe drzewo odpowiada grupie zasad ekspresji rozłącznej (Aalst, 2000). Niech drzewo decyzyjne będzie funkcją booleańską. Wejście funkcji Boolean to wszystkie właściwości sytuacji, a wyjście jest decyzją, czy wartość decyzji "tak" czy "nie" zależy od instancji wyjścia. W algorytmie drzewa decyzyjnego, każdy węzeł drzewa odpowiada testowi właściwości, każdy węzeł liścia odpowiada wartości logicznej, a każda gałąź składa się z jednej z możliwych wartości atrybutów testowych. Najpopularniejszym systemem uczenia się za pomocą drzewa decyzyjnego jest ID3, który powstał w koncepcji systemu uczenia się i rozwinął się w C4.5, który może obsługiwać zmienne ciągłe. Jest to przewodnik dydaktyczny, oparty na drzewie decyzyjnym, który składa się z podzbiorów szkoleniowych. Jeśli drzewo nie zaklasyfikowało prawidłowo wszystkich podanych podzestawów treningowych, wybierz inny podzestaw treningowy, dodając go do oryginalnego podzestawu, powtarzaj do momentu podjęcia właściwej decyzji. Aby przeszkolić szereg klasyfikacji instancji szkoleniowych, drzewo decyzyjne, które może zaklasyfikować nieznaną klasyfikację instancji w oparciu o konkretne występowanie zestawów wartości atrybutów. Wykorzystując drzewo decyzyjne do klasyfikacji instancji, może sprawdzić wartość właściwości obiektów stopniowo zaczynając od korzeni, a następnie schodząc w dół gałęzi aż do uzyskania węzła liścia, w którym znajduje się klasa obiektu. Drzewo decyzyjne jest niezwykle stosowaną metodą klasyfikacji. Również wszystkie algorytmy w tym badaniu miały zastosowanie do klasyfikacji. Istnieje wiele metod drzew decyzyjnych, takich jak ID3, C4.5, PUBLIC, CN2, CART, SLIQ, SPRINT, CHAID, Random Forests i Boosted tree. Najbardziej rozwinięte drzewo decyzyjne jest wariantem bazowego algorytmu.

3.1.2 C4.5 Algorytm

Quinlan opracował algorytm C4.5 w 1993 roku. Jest on generowany z algorytmu ID3, który jest podstawą wielu algorytmów. Oprócz uwzględnienia funkcji algorytmu ID3, C4.5 posiada nową funkcję i metodę. Gdy algorytm C4.5 wykorzystuje jeden algorytm drzewa decyzyjnego, algorytm C4.5 posiada wysoką wydajność w celu uzyskania wysokiego stopnia dokładności i szybkości klasyfikacji. Algorytm C4.5 dodał do ID3 pojęcie właściwości atrybutu ciągłego i przyrostu informacji, jak również traktowanie pustej powierzchni wartości atrybutu; ma on również bardziej dojrzałe podejście do przycinania drzew. Dzięki różnym metodom przycinania, które mają być bardziej wrażliwe na nadmierne dopasowanie drzewa, rozwiązuje to problem w aplikacji ID3. Istnieją dwie kwestie poruszane przez C4.5, wybór atrybutu według wskaźnika zyskowności informacji, a nie przyrostu informacji, optymalizuje złą tendencję do wyboru większej ilości atrybutów. Następnie może obsługiwać atrybuty ciągłe w sposób dyskretny i może wdrażać dane heterogeniczne. Reprezentacją wiedzy algorytmu C4.5 jest podejmowanie decyzji poprzez budowę drzewa, które w całości może ustalić zasady produkcji. W klasyfikacji istnieją dwie strategie wykorzystywane do budowania drzewa, Entropia i pozyskiwanie informacji; zostaną one wkrótce wyjaśnione w następujący sposób:

3.1.2.1 Entropia

Algorytm drzewa decyzyjnego jest przeprowadzany od góry do dołu z węzła głównego i polegał na podziale danych na podzbiory, które zawierają instancje o podobnych wartościach lub jednorodne. Algorytm ID3 wykorzystuje entropię do obliczenia jednorodności próbki. Jeżeli dane z próbki są całkowicie jednorodne, entropia jest równa zero, a jeżeli dane z próbki są podobnie podzielone, entropia jest równa jednemu.

Aby zbudować drzewo decyzyjne, dwa rodzaje entropii muszą obliczyć przy użyciu tabel częstotliwości w następujący sposób:

a) Entropia jest stosowana przez tabelę częstotliwości jednego atrybutu:

$$E(s) = \sum_{i=1}^{c} -p_i \log 2\, p_i \ldots (1)$$

b) Entropia wykorzystuje tabelę częstotliwości dwóch atrybutów:

$$E(T, X) = \sum_{c \in X} P(c) \cdot E(c) \ldots (2)$$

3.1.2.2 Uzyskanie informacji

Pozyskiwanie informacji odbywa się na podstawie zmniejszania entropii po podziale zbioru danych na atrybut. Ustanowienie drzewa decyzyjnego polega na uzyskaniu atrybutu, który zwraca najwyższą uzyskaną informację (tj. najbardziej jednorodne gałęzie drzewa).

Krok **1**: Obliczyć entropię celu.

Krok **2**: Zbiór danych jest dzielony na odpowiednie atrybuty. entropia jest obliczana dla każdej gałęzi. Następnie jest proporcjonalnie dodawany, aby uzyskać całkowitą entropię w podziale. Wynik entropii jest odejmowany od entropii przed podziałem. Rezultatem jest to, czy spadek entropii, czy też zysk z informacji.

Krok **3**: Wybierz atrybut z największym przyrostem informacji jako węzeł decyzyjny, podziel zestaw danych przez jego oddziały i powtórz ten sam proces dla każdego oddziału.

Krok **4a**: Gałąź ma entropię równą 0 jest węzłem liściowym.

Krok **4b**: Gałąź składała się z entropii o większej niż 0 potrzebie podziału.

Krok **5**: Algorytm ID3 jest wielokrotnie uruchamiany na gałęziach bez liścia, aż wszystkie dane zostaną całkowicie sklasyfikowane. Musimy o tym wspomnieć; są podziały przejść do czystego podzbioru, a inne entropia nie są 0, ale również dane nie są w stanie uzyskać dalszego podziału. Algorytm C4.5 zastosowany do analizy wszystkich zbiorów danych bez filtrowania lub ignorowania dowolnej zmiennej, aby zobaczyć, które zmienne wpłynęły na ostateczne przewidywania drzewa.

Początkowa dokładność wynosi 84,7%, dokładność ta może być całkiem dobra do budowania decyzji, ale ile czystych podzbiorów otrzymano. Zmienne wydajności produkcji, nazwy stanowisk pracy, wydajności pracowników, liczby identyfikatorów i produkcji podstawowej wykorzystywane do dzielenia danych. Stwierdzono jednak, że wydajność pracowników ma duży wpływ na wydajność pracy.

Ranga ważności zostanie wyjaśniona w sekcji wyboru cech. Rysunek 1 przedstawia drzewo decyzyjne wygenerowane z całego zbioru danych.

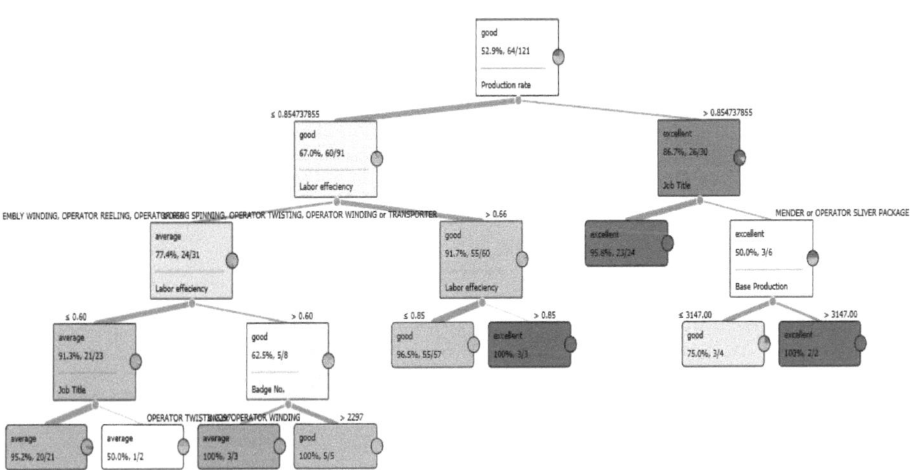

Rysunek 1. Drzewo decyzyjne C4.5

3.1.3 Naive Bayes

Klasyfikujący Naive Bayesian jest generowany na podstawie "Twierdzenie Bayesa" z założeniami dotyczącymi niezależności pomiędzy zmiennymi. Naive Bayesian classifier jest łatwy do zbudowania, bez problematycznej iteracyjnej estymacji parametrów, co czyni go użytecznym dla dużych zbiorów danych przemysłowych. Niezależnie od swojej prostoty, algorytm ten często wypada zaskakująco dobrze i jest szeroko stosowany, ponieważ często przewyższa doskonałe metody klasyfikacji.

Twierdzenie Bayesa w równaniu (3) dostarcza techniki obliczania prawdopodobieństwa tylnego, P(c|x), z P(c), P(x) i P(x|c). Zakłada się, że wpływ predyktora (x) na daną klasę (c) jest niezależny od wartości innych zmiennych wejściowych. Założenie to nazywane jest klasową niezależnością warunkową.

$$P(c/x) = \frac{P(x/c) * P(c)}{P(x)} \quad \text{.........} (3)$$

P(c/x) to późniejsze prawdopodobieństwo klasy (zależne) danego predyktora (zmienna). P(x/c) jest prawdopodobieństwem, które jest prawdopodobieństwem danej klasy.

P lit. c) to wcześniejsze prawdopodobieństwo klasy.

P(x) to wcześniejsze prawdopodobieństwo prognozowania.

3.1.4 K-Nearest Neighbor (KNN)

Jest to prosty algorytm, który przechowuje wszystkie dostępne przypadki i klasyfikuje nowe przypadki w oparciu o pomiar podobieństwa (np. funkcje odległości). K-Nearest Neighbor jest wykorzystywana jako nieparametryczna technika rozpoznawania wzorów i szacowania statystycznego na początku lat siedemdziesiątych (Saad, 2018).

Eukliden $\sqrt{\sum_{i=1}^{k}(x_i - y_i)^2}$ ....(4)

Manhattan $\sum_{i=1}^{k}|x_i - y_i|$ ....(5)

Minkowski $\left(\sum_{i=1}^{k}(|x_i - y_i|)^a\right)^{\frac{1}{a}}$.....................(6)

Trzy funkcje pomiaru odległości dotyczą tylko danych ciągłych. W przypadku zmiennych instancji kategorycznych, zamiast funkcji odległości należy stosować odległość Hamming w równaniu (7). Standaryzacja zmiennych numerycznych mieści się w przedziale od 0 do 1, gdy w zbiorze danych znajduje się mieszanina zmiennych numerycznych i kategorycznych.

Hamming Distance

$$D_H = \sum_{i=1}^{k}|x_i - y_i|$$

$x = y \Rightarrow D = 0$

$x \neq y \Rightarrow D = 1$ ...(7)

Wyboru optymalnej wartości dla K najlepiej dokonać, dokonując pierwszej kontroli danych. Ogólnie rzecz biorąc, duża wartość K jest bardziej precyzyjna, ponieważ zmniejsza ogólny poziom hałasu, ale nie ma gwarancji. Weryfikacja krzyżowa jest innym sposobem wstecznego określenia dobrej wartości K poprzez wykorzystanie niezależnego zbioru danych do walidacji wartości K. Historycznie, optymalny K dla większości zbiorów danych mieścił się w przedziale od 3 do 10. To daje znacznie lepsze wyniki niż 1NN.

3.1.5 Sztuczne sieci neuronowe (ANN)

Sztuczna sieć neuronowa (ANN) jest systemem opartym na biologicznych sieciach neuronowych, takich jak mózg. Sieć ANN składa się ze sztucznej sieci neuronów (zwanej "węzłami"). Węzły te połączone w kształcie sieci, a siła połączeń z innymi jest przypisywana w wartości opartej na sile: inhibicja (maksimum to -1 i 0) lub wzbudzenie (maksimum to +1 i 0). Jeśli wartość połączenia jest wysoka, oznacza to, że istnieje silne połączenie. W ramach każdego projektu węzła obliczana jest funkcja transferu. Trzy rodzaje neuronów w sztucznej sieci neuronowej to węzeł wejściowy, węzeł ukryty i węzeł wyjściowy. Węzły wejściowe przyjmują informacje, które można objaśnić liczbowo. Informacja prezentowała wartości aktywacji, gdzie każdy węzeł daje liczbę, tym większa liczba oznacza ogromną aktywację. Informacje te są następnie przekazywane do całej sieci. W oparciu o masy połączeń (siły), funkcje transferowe oraz wzbudzenie lub zahamowanie, wartość aktywacji jest przekazywana przez węzeł do węzła. Każdy z węzłów sumuje otrzymane wartości aktywacji; następnie modyfikuje wartość w oparciu o swoją funkcję transferu. Aktywacja przepływała przez sieć, przez warstwę ukrytą, aż dotarła do węzłów wyjściowych. Następnie, węzły wyjściowe odbijają sygnał wejściowy w znaczący sposób do świata zewnętrznego.

3.1.6 Maszyna wektorowa wspomagająca (SVM)

Maszyna wektorowa (SVM) wykonuje klasyfikację poprzez znalezienie hiperpłaszczyzny, która maksymalizuje margines pomiędzy tymi dwiema klasami. Wektory (przypadki) definiujące hiperpłaszczyznę to wektory wsparcia (Saad, 2018).

Aby zbudować maszynę wektorową wsparcia, należy przyjąć pewne założenia:

- Zdefiniuj optymalną hiperpłaszczyznę: zmaksymalizuj margines.
- Rozszerzyć powyższą definicję nieliniowo rozdzielnych problemów: wprowadzić termin "kara za błędną klasyfikację".
- Mapa danych do przestrzeni wymiarowej, gdzie łatwiej jest klasyfikować za pomocą liniowych powierzchni decyzyjnych: przeformułować problem tak, aby dane były mapowane domyślnie do tej przestrzeni.
- Aby zdefiniować optymalną hiperpłaszczyznę, musimy zmaksymalizować szerokość marginesu (w). SVM wykorzystuje równania (8), (9) i (10) zgodnie z rodzajem danych, które należy rozwiązać.

Linear SVM $_{xi}$ .... xj (8)

Nieliniowe SVM $\varnothing_{(xi)}$. $\phi_{(xj)}$ ....(9)

Funkcja jądra $k_{(xi \cdot xj)}$ .... (10)

3.1.7 AdaBoost Algorithm

AdaBoost (skrót od "Adaptive Boosting") to widżet algorytmu uczenia maszynowego, sformułowany przez (Yoav Freund) i (Robert Schapire). Może być stosowany z innymi algorytmami uczenia się w celu zwiększenia ich wydajności. Robi to, dostosowując słabych uczących się.

Meta-algorytm zespołu, który łączy słabych uczniów i dostosowuje się do "twardości" każdej próbki treningowej. Działa zarówno w zakresie klasyfikacji, jak i regresji.

3.1.8 Mapa samoorganizacyjna (SOM)

Mapa samoorganizacyjna jest stosowana do analizy i wizualizacji zbiorów danych wielkogabarytowych. Ułatwia prezentację wysokowymiarowych zbiorów danych w ramach grupy wymiarów niższych, 1-D, 2-D i 3-D. Algorytm jest stosowany zgodnie z zasadą uczenia się bez nadzoru i nie wymagał wektora docelowego, w którym uczy się klasyfikować dane bez nadzoru. Składa się z jednostek, do których prezentowane są zmienne wejściowe lub siatki węzłów. Każdy węzeł jest podłączony do wejścia i nie ma żadnych połączeń między węzłami. Algorytm jest metodą zachowującą topologię, utrzymuje relacje sąsiedztwo w swojej prezentacji mapującej. Algorytm jest przeprowadzany w tych krokach:

- Inicjalizacja każdej wagi węzła z przypadkową liczbą pomiędzy 0 i 1.
- Z zestawu danych treningowych wybierz losowy wektor wejściowy.
- Obliczyć najlepszą jednostkę dopasowania. Każdy węzeł jest testowany w celu znalezienia węzła, którego waga jest bardzo zbliżona do wektora wejściowego. Jednostka ta nosi nazwę (Best Matching Unit), gdzie jej wektor jest bardzo blisko wektora wejściowego. Wyboru tego dokonuje się za pomocą formuły odległości euklidesowej, która jest miarą podobieństwa między dwoma zestawami danych. Odległość pomiędzy ciężarami węzła a wektorem wejściowym jest obliczana w celu uzyskania jednostki najlepiej dopasowanej.

{y: i}{c: $aaccff}{c: $aaccff}{c: $aaccff}{c: $aaccff}{c: $aaccff}{c: $aaccff}{c: $aaccff}{c: $aaccff}{c: $aaccff}{c: $aa
....(11)

Dis jest odległością, V reprezentuje wektor wejściowy prądu, a *w* jest wektorem ciężaru węzła.

- Uzyskać przez obliczenie wielkości sąsiedztwa wokół najlepiej pasującej jednostki. Rozmiar sąsiedztwa wokół najlepiej pasującej jednostki jest zmniejszany wraz z funkcją wykładniczego rozpadu. Spadł na każdą iterację, aż do uzyskania najlepszej jednostki dopasowania.

$$\sigma(t) = \sigma_0 exp\left(-\frac{t}{\lambda}\right) \ldots\ldots\ldots\ldots\ldots\ldots (12)$$

λ jest czasem stałym, t reprezentuje aktualny czas mapy, a σ_0 jest szerokością kraty w czasie = 0.

- Zmodyfikuj sąsiadujące węzły i wagi węzłów najlepiej pasujących jednostek, a waga zbliży się do wagi wektora wejściowego. Ciężar każdego węzła w sąsiedztwie jest modyfikowany, co powoduje duże zmiany dla sąsiadów, aby byli bliżej najlepiej dopasowanej jednostki.

W krótkich krokach pokazaliśmy, jak można zbudować algorytm samoorganizacyjnego mapowania.

3.1.9 Regresja logistyczna

Regresja logistyczna to przewidywanie prawdopodobieństwa zależności, które można przewidzieć w dwóch wartościach (tj. dychotomii). Prognoza jest budowana przy użyciu jednego lub wielu predykatorów wejściowych (kategorycznych i numerycznych). Regresja liniowa nie nadaje się do przewidywania zmiennej binarnej dla dwóch przyczyn:

Regresja liniowa będzie przewidywała wartości poza dopuszczalnym zakresem, tak jak przewidywanie prawdopodobieństwa poza zakresem od 0 do 1).

Eksperymenty dychotomiczne mogą obsługiwać tylko jedną z dwóch możliwych wartości dla każdego eksperymentu; resztki normalnie nie będą rozłożone w przewidywanej linii.

Regresja logistyczna generuje krzywą logistyczną, która ogranicza się do wartości pomiędzy 0 i 1. Regresja liniowa jest podobna do regresji logistycznej, ale krzywa jest prowadzona przy użyciu naturalnego logarytmu "kursów" zmiennej zależnej, a nie prawdopodobieństwa. Tak więc zmienne wejściowe nie muszą być dystrybuowane normalnie lub mają taką samą wariancję w każdej grupie.

W regresji logistycznej, stała (0) przesuwa krzywą w prawo i w lewo, a nachylenie (1) definiuje stromość krzywej. Dzięki prostej transformacji, równanie regresji logistycznej może być skonstruowane w oparciu o stosunek kursów.

$$\frac{\rho}{1-\rho} = exp\,(b_0 + b1x) \ldots\ldots\ldots\ldots\ldots\ldots (13)$$

Przyjmując log naturalny dla obu stron, równanie może zapisać w log-odds (logit) terminy, które są liniową funkcją zmiennych wejściowych. Współczynnik (1) to kwota, jaką zmienia się logit (log-odds) przy zmianie jednej jednostki w x.

$$ln\left(\frac{\rho}{1-\rho}\right) = b0 + b1x \ldots\ldots\ldots\ldots\ldots\ldots\ldots\ldots\ldots\ldots\ldots.(14)$$

Wspomniana regresja logistyczna może obsługiwać zmienne kategoryczne i numeryczne.

$$\rho = \frac{1}{1 + e^{-(b0+b1x1+b2x2+\cdots\cdots+bpxp)}} \ldots\ldots\ldots\ldots\ldots\ldots(15)$$

Niektóre z przedstawionych algorytmów, takie jak SVM, Regresja logistyczna, Sieć neuronowa, Naïve Bayes, drzewo C4.5 i K-Nearest neighbor, będą miały zastosowanie do rozwiązywania danych studium przypadku bez usuwania jakiegokolwiek predyktora za pomocą wyboru funkcji. W tabeli 1, wyniki każdego z algorytmów zostały przedstawione z różnymi miarami.

Tabela 1. Wyniki Algorytmów eksploracji danych dla klasyfikacji

Algorytm	**Obszar pod krzywizna**	**Klasyfikacja rzetelność**	**F1**	**Precyzja**	**Przypomnienie**
C4.5	0.886	0.843	0.844	0.847	0.843
KNN	0.722	0.587	0.581	0.584	0.587
SVM	0.899	0.661	0.649	0.673	0.661
ANN	0.868	0.702	0.701	0.701	0.702
Naiwne Bayes	0.918	0.793	0.799	0.820	0.793
Regresja logistyczna	0.813	0.669	0.672	0.677	0.669

Algorytmy te mogą obsługiwać i analizować dane z badania przypadku, ale większość zastosowanych algorytmów dawała słabą dokładność przewidywań z wyjątkiem Naïve Bayes i drzewa decyzyjnego (C4,5), które zapewniały najwyższą dokładność wynoszącą odpowiednio 82% i 84,7%. Jednak SVM może dać wysoką wydajność, jeśli algorytm zastosowany na podstawie funkcji Kernela z ustawieniem liniowym (x, y), które dawało dokładność 83,5%. Tylko liniowe jądro może przewidzieć tę wartość. Próbując innych funkcji jądra, takich jak Wielomian, RBF i Sigmoid, słaba dokładność nie przekracza 60% klasyfikacji. W ten sposób można zrozumieć, że zbiór danych z badania przypadku jest bliski liniowej w oparciu o dokładność, która została uzyskana z jądra liniowego. Tutaj również drzewo decyzyjne dało najwyższą dokładność, a to zachęciło nas do zastosowania tego algorytmu. Dwie techniki będą miały zastosowanie w celu uzyskania większej dokładności i najlepszej klasyfikacji danych. Po pierwsze, należy wybrać najważniejsze zmienne za pomocą badania przesiewowego. Po drugie, zastosować algorytmy, które mają dużą wydajność opartą na drzewie decyzyjnym, takim jak

Lasy Losowe, Drzewo Pobudzone, Drzewo CHAID i Drzewo Wyczerpujące CHAID.

4 Analiza zastosowała cztery rodzaje technik w drzewach decyzyjnych

1- Drzewa Lasów Przypadkowych.

2- Boosted Trees.

3- Drzewo interaktywne (CART i CHAID). (CART to drzewo klasyfikacji i regresji, a CHAID to automatyczna czujka interakcji z CHi-squared).

4- CHAID Tree. (CHAID to CHi-squared Automatic Interaction Detector).

4.1 Drzewo lasów losowych

Algorytm jest budowany poprzez łączenie przewidywań wielu drzew; każde drzewo jest szkolone w odosobnieniu. Zazwyczaj drzewo jest trenowane niezależnie, a wyniki drzew są łączone poprzez średnią, jeśli algorytm zastosowany do regresji i głosowania na najbardziej popularny wynik, jeśli algorytm zastosowany do klasyfikacji. Przy prowadzeniu losowego drzewa leśnego należy dokonać trzech wyborów. (**1**) Podział liści, (**2**) typ predyktora stosowanego w każdym liściach oraz (**3**) metoda iniekcji losowości drzew. Identyfikacja metody rozłupywania liści wymaganych do wyboru kształtów łupków kandydujących, jak również metody oceny jakości każdego kandydata. Typowym wyborem jest zastosowanie osiowo wyrównanych podziałów, gdzie dane są kierowane do poddrzewień w zależności od tego, czy przekroczyły one wartość progową w podziale liniowym, czy też wybrany wymiar, gdzie kombinacja cech liniowych jest progiem decydującym o ostatecznej decyzji. Wartość progowa w algorytmie może być wybrana losowo lub poprzez optymalizację funkcji danych w liściach. Aby podzielić liść, generowany jest zbiór podziału kandydata, a kryterium jest oceniane w celu dokonania wyboru pomiędzy nimi. Prostą metodą jest losowy i jednolity wybór kandydatów, jak w analizowanych modelach (Biau i in., 2008). Bardziej powszechnym podejściem jest wybór podziału kandydata, który optymalizuje funkcję czystości nad liśćmi, które miałyby być skonstruowane. Tutaj, maksymalizuje zysk informacji jest typowym wyborem (Hastie et al, 2013). Najczęstszą opcją dla predystrybutorów dla każdego liścia jest zastosowanie średniej odpowiedzi dla wszystkich punktów szkoleniowych, które wpadły do tego liścia. (Criminisi et al, 2011) zbadał wykorzystanie regresji i innych zadań dla różnych predystrybutorów liści. Jednak te uogólnienia wykraczają poza zakres niniejszego opracowania. W studium przypadku rozważano tylko najprostszą i najpopularniejszą instancję, ponieważ problem będzie analizowany w oparciu o klasyfikację. Wstrzyknięcie losowości w obrębie konstrukcji drzewa może się zdarzyć na wiele sposobów. Wybór wymiaru, który ma być użyty jako dzielony kandydat na każde skrzydło może być losowy, oprócz wyboru współczynników dla kombinacji cech losowych. W każdym przypadku, progi mogą być wybrane poprzez optymalizację wszystkich lub niektórych danych w liściach, lub losowo. Inna konwencjonalna technika wprowadzania losowości polega na budowaniu każdego drzewa przy użyciu zestawu danych Bootstrapped learning lub sub-samplingu. W tym studium przypadku każde drzewo w lesie jest szkolone przy użyciu taśmy typu Bootstrap, która wprowadza różnice między drzewami w oparciu o pobieranie próbek z zamiennikiem. Dla wszystkich zbiorów danych, losowo wybierany las w postaci górnictwa danych Orange na rysunku 2 przeanalizował dane i rozwiązane dla 4 drzew. Losowe lasy i wzmocnione drzewo są algorytmami nauczania zespołowego, ponieważ wygenerowały one wiele wyników w celu poprawy ostatecznego rozwiązania.

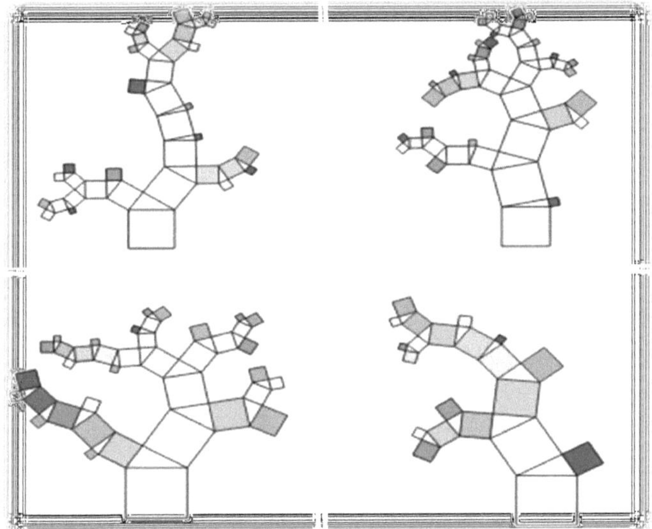

Rysunek 2. Drzewo lasów losowych

Jednak pytanie, które należy zadać, czy liczba drzew wzrosła, czy poprawia to dokładność i przekracza wartość 76,9? Odpowiedź brzmi TAK, ale problem polega na tym, że algorytm losowych lasów nie jest wrażliwy na nadmierne dopasowanie, gdy jest stosowany do rozwiązywania dużych danych. Poprzez zmianę liczby drzew z 4 na 50, poprawiła się również dokładność z 76,9 na 86,9. Jednak poprzez zwiększenie liczby drzew z 50 do 100, dokładność spadła z 86,9 do 84,2. Jak już wspomnieliśmy, problem wynika z przebudowy. Analizator powinien być wrażliwy na nadmierne dopasowanie poprzez dodanie liczby drzew aż do uzyskania spadku dokładności; oznacza to, że optymalna liczba drzew znajduje się na szczycie dokładności, która osiągnęła najwyższą prognozę.

4.1.1 Worki na drzewo

Algorytm szkoleniowy dla lasów losowych wykorzystywał typową technikę workowania lub agregowania taśmy startowej dla uczących się drzew. Biorąc pod uwagę zestaw szkoleniowy, $X = x_1, \dots\dots, x_n$ z odpowiedziami $Y = y_1, \dots,$, workowanie jest powtarzane (razy *B*) wybiera losowo próbkę z zamiennikiem w zbiorze danych szkoleniowych i dopasowuje drzewa do tych próbek:

Dla *B = 1, ..., B:*

Próbka, z zamiennikiem, *n* przykładów szkoleń z *X, Y*; zadzwoń na $_{adres}$ *b*, $_{Yb.}$

Pociągnij drzewo klasyfikacyjne lub regresyjne $_{Fb}$ na *b*, b.

Po treningu można uzyskać prognozy dla próbek nienaświetlonych x' poprzez uśrednienie wyniku końcowego z każdego drzewa na x':

$$f' = \frac{1}{B}\sum_{B=1}^{B} fb(X') \quad .... (16)$$

Ponadto, biorąc pod uwagę większość głosów z przypadków przewidywań klasyfikacyjnych. Technika bootstrappingu prowadzi do dobrej wydajności modelu, ponieważ minimalizuje wariancję modelu, bez zwiększania błędu. Oznacza to, że podczas gdy przewidywania dotyczące pojedynczego drzewa są bardzo wrażliwe na hałas w zestawie treningowym, to średnia dla wielu drzew nie jest taka sama, o ile nie istnieje korelacja między drzewami. Łatwy trening dla wielu drzew na jednym zestawie treningowym może dać bardzo skorelowane drzewa (lub nawet to samo drzewo wygenerowane wiele razy, jeśli algorytm treningowy jest nieuniknniony); próbkowanie taśmy startowej jest techniką dekorelacji drzew poprzez prezentację różnych zestawów treningowych. Ponadto, oszacowanie niepewności przewidywań można uzyskać jako standardowe odchylenie przewidywań od wszystkich drzew regresji na x':

$$\delta = \sqrt{\frac{\sum_{b=1}^{B}(f_b(x') - f')^2}{B-1}} \quad ...(17)$$

Liczba drzew/próbek *B* jest parametrem wolnym. Zazwyczaj stosuje się od stu do wielu tysięcy drzew, w zależności od charakteru i wielkości zestawu szkoleniowego. Optymalna liczba drzew *B* może być obserwowana poprzez walidację krzyżową lub poprzez obserwację błędu poza workiem: średni błąd przewidywań na każdej próbie treningowej x_i z wykorzystaniem tylko drzew, które nie mają x_i w próbie startowej (Gareth J, 2013). Błąd testu i szkolenie mają tendencję do wyrównywania poziomu po przywłaszczeniu pewnej liczby drzew.

4.2 Boosted Tree

Wzywa również Booting Decision Tree, ponieważ zbiór danych, który został wybrany z oryginalnego podzestawu, opiera się na wzmocnionym uczeniu się. Pobudzenie wyrasta z koncepcji *PAC* lub (prawdopodobnie w przybliżeniu poprawnego) modelu uczenia się, którego jednym z podstawowych interesów jest efektywność uczenia się. (Schapire) jest pierwszą osobą, która pokazała, że seria słabych uczących się może zostać zmieniona na silnego leanera. Wymieńmy zestaw *N*, który reprezentuje wyraźne przykłady oryginalnego zestawu szkoleniowego. Oryginalny zestaw szkoleniowy jest wyróżniony z tego, co nazwiemy przefiltrowanym zestawem szkoleniowym składającym się z *N*, przykłady otrzymane z zamiennikiem z oryginalnego zestawu szkoleniowego. Zazwyczaj każdemu z oryginalnych przykładów *Nt* przypisuje się wagę proporcjonalną do prawdopodobieństwa, które przykład pojawi się w przefiltrowanym zestawie treningowym. Przede wszystkim wszystkim wszystkim wszystkim przykładom przypisano wagę jedności; wszystkie przykłady są jednakowo prawdopodobne, że pojawią się w pierwszym zestawie przykładów szkoleniowych. Jednakże, ciężary zostały zmienione w każdym stanie pobudzenia, a jeśli waga jest wysoka, może mieć wiele kopii niektórych oryginalnych przykładów pojawiły się w przefiltrowanym zestawie treningowym.

Drzewo jest budowane w oparciu o klasyfikację, wynik ma trzy instancje, a przewidywania będą budowane w oparciu o trzy klasyfikacje. Zintensyfikowane uczenie się waży słabych uczących się, dopóki dokładność klasyfikacji nie zostanie podniesiona i poprawiona. Podział odbędzie się na podstawie oryginalnego zestawu treningowego.

Oprogramowanie Statistica w łatwy sposób dzieli dane. Dane dzielą się na dwa i trzy podziały, jak pokazano na rysunku 3, przeprowadził on w ten sam sposób nawet liczba drzew przekroczyła tysiąc.

Podwyższone drzewo może obserwować przepasanie. Algorytm jest przeprowadzany w celu wygenerowania 200 drzew, a przy liczbie 195 drzew drzewo osiąga optymalną liczbę.

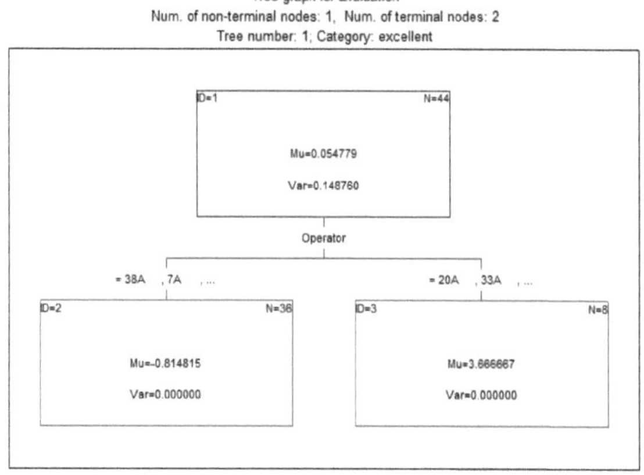

Rysunek 3. Boosted Tree

4.3 Drzewo interaktywne

Podstawowym celem modeli interaktywnych drzew (CHAID, CART) jest prowadzenie interaktywności i całej kontroli nad procesem budowy drzew.

Moduł Drzewa interaktywne (CART, CHAID) prowadzi ("rośnie") drzewa regresyjne i klasyfikacyjne oraz drzewo CHAID według technik automatycznych (algorytmicznych), reguł i kryteriów zdefiniowanych przez użytkownika - określana za pomocą wysoce interaktywnego graficznego interfejsu użytkownika lub kombinacji dla obu. Celem modułu jest zapewnienie wysoce interaktywnego środowiska do budowania drzew regresyjnych lub klasyfikacyjnych (za pomocą klasycznych metod CHAID lub CART), aby umożliwić analizatorom wypróbowanie różnych predyktorów wejściowych i kryteriów podziału w połączeniu z prawie wszystkimi funkcjami automatycznego budowania drzew, ustanowionymi w modelach General CHAID (GCHAID) i General Classification and Regression Trees (GCART). Wszystkie te algorytmy i techniki można uzyskać przy użyciu oprogramowania STATISTICA.

Algorytm drzewa interaktywnego nie jest wystarczająco znany, ponieważ zastosował słynne algorytmy takie jak CHAID, CART i Exhaustive CHAID do budowy drzewa. Algorytm ten posiada również dwa modele rozwiązania, które mogą być klasyfikowane lub regresyjne. Regresja stosowana, gdy wyjście jest numeryczne, a klasyfikacja stosowana, gdy wyjście jest kategoryczne. Interaktywne drzewo śledzi techniki CHAID i CART. Algorytm różni się od losowych lasów i drzew. W badaniu algorytm jest stosowany w oparciu o wyczerpujące drzewo CHAID. Drzewo narysowane na rysunku 4 w oparciu o zestaw danych, który został przygotowany specjalnie w tym badaniu.

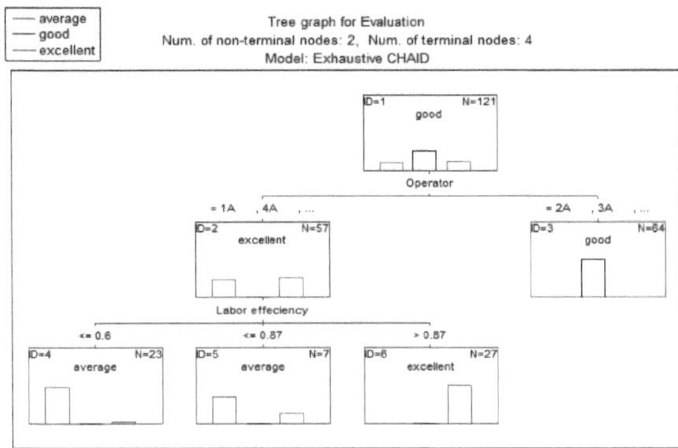

Rysunek 4. Interaktywny model CHAID w oparciu o drzewo Wyczerpujący model CHAID

4.4 Drzewo CHAID

Akronim CHAID jest symbolem do (Chi-square Interaction Detector). Wykorzystuje kryterium podziału na kwadraty. Dokładniej rzecz ujmując, wykorzystuje wartość p-kwadratu. (Kass, 1980) omawiał tylko przypadek kategorycznej zmiennej wyjściowej. Technika ta jest najczęściej wykonywana z opcją obsługi ilościowych zmiennych odpowiedzi. Kryteria są w przypadku *wartości p* statystyki F dla różnicy średnich wartości pomiędzy węzłami t powstałymi w wyniku podziału:

$$F = \frac{BSS/(g\text{-}1)}{WSS/(n\text{-}1)} \sim F_{(g\text{-}1),(n\text{-}g)} \ldots\ldots\ldots\ldots\ldots(18)$$

Alternatywą może być zastosowanie (Kass, 1975) jego przybliżonego i2 lub testu permutacji (Scott i Knott, 1976). Istotne cechy CHAID, które przyczyniają się do jego popularności, są następujące:

1. W każdym węźle, CHAID znajduje dla każdego silnego predyktora optymalny podział na *węzły*, który może być wyprodukowany i wybiera predyktorem na podstawie optymalnych podziałów.

2. CHAID wykorzystywał *wartości p* z korektą Bonferroniego jako kryteria podziału.

W zależności od *wartości p*, ponieważ kryteria wzrostu ustalają zasady zatrzymywania, które automatycznie obliczają znaczenie statystyczne. Progi są zazwyczaj ustawiane na typowe wartości krytyczne mierzone dla istotności statystycznej, takie jak 1%, 5% lub 10%. Taka miara *wartości p* jest wrażliwa na liczbę przypadków zawartych w rozszczepach i ma tendencję do zaniedbywania rozszczepiania w bardzo małych grupach. Zauważ, że za pośrednictwem CHAID spopularyzowało się pojęcie wykorzystania *wartości p* do wyboru predystrybutorów, nie była to pierwsza próba dokonania takiego wyboru. Jak wspomniano wcześniej, *wartość p* była również wykorzystywana przez (Press et al, 1969) w systemie IDEA. Źródłem techniki wynalezionej przez (Kass), która jednak miała na celu ocenę znaczenia każdego podziału, jest stosowana najpierw korekta Bonferroniego na *wartość p*.

Najbardziej fundamentalnym wkładem CHAID jest bez wątpienia pierwszy punkt, tj. koncepcja spojrzenia na optymalny *n-ary* split dla każdej zmiennej wejściowej. Po pierwsze, większość metod przyjęła tylko rozszczepy binarne. Te pozwalają na *n-ary* splits, jak metoda by (Hunt et al, 1966), sprawdzić liczbę splitów do liczby kategorii silnego predyktora, które mogłyby być szczególnie nieodpowiednie dla zmiennych wejściowych z wieloma klasami. Drzewo CHAID z danych rzeczywistych pokazane jest na rysunku 5.

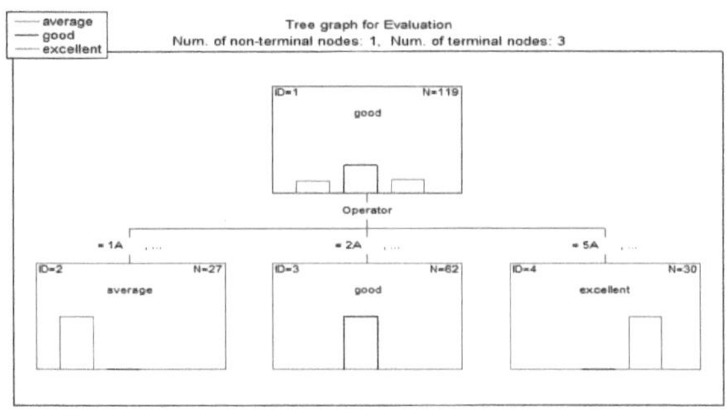

Rysunek 5. Drzewo CHAID

5 Algorytm głosowania lub pakowania (Ensemble Learning)

Metoda Ensemble rozpoczęła się około dziesięciu lat temu jako osobna dziedzina uczenia się maszynowego i jest wzmocniona ideą zwiększenia mocy wielu algorytmów, a nie tylko jednego algorytmu zbudowanego na małym zestawie treningowym. Eksperymentalne prace rozwojowe i ważna teoria prowadzona od dziesięciu lat doprowadziły do zastosowania kilku technik, zwłaszcza pobudzania i workowania, w celu rozwiązania wielu skomplikowanych problemów. Jednak metoda zespołowa okazała się również stosowana w odniesieniu do obecnych i przyszłych problemów związanych z aplikacjami internetowymi i eksploracją rozproszonych danych (Saad i Nagarur, 2017 r.). Bootstrap Aggregating (Bagging) generuje wiele zestawów treningowych bootstrap z oryginalnego zestawu treningowego (z wykorzystaniem próbkowania z zamiennikami) i wykorzystując każdy z nich do wygenerowania klasyfikacji do włączenia do zespołu. Modele do pobierania próbek z wymianą i pakowaniem przedstawiono na rysunku 6. Dla tych modeli. (T), jest to podstawowy zestaw szkoleniowy dla (N) przykładu. (M), jest to numer modelu podstawowego, którego należy się nauczyć. (Lb), jest to podstawowy model uczenia się. Hi's s są modelami bazowymi. Random_integer of *(a,b)* jest funkcją, która zwraca każdą liczbę całkowitą z a do b z równym prawdopodobieństwem. Ponadto *(I(A))* jest funkcją wskaźnika, która zwraca 1, jeśli *A* było prawdziwe, a 0 w innych przypadkach (Nirmala i Mallikarjuna, 2014).

Bagging(T,M)
For each $m = 1,2,\ldots,M$
  T_m = Sample_With_Replacement$(T,|T|)$
  $h_m = L_b(T_m)$
Return $h_{fin}(x) = \arg\max_{y \in Y} \sum_{m=1}^{M} I(h_m(x) = y)$.

Sample_With_Replacement(T,N)
$S = \{\}$
For $i = 1,2,\ldots,N$
  r = random_integer$(1,N)$
  Add $T[r]$ to S.
Return S.

Rysunek 6. Algorytm znakowania partii i pobieranie próbek z zamiennikiem

Istnieją trzy algorytmy uczenia się w zespole i tylko Bagging learning jest stosowany w tym badaniu: bagging, boosting i losowy las. Algorytm workowania opracowany przez (Breiman, 1996), jest techniką uczenia się maszynowego, która wykorzystuje bootstrapping do generowania wielu zbiorów danych szkoleniowych z oryginalnych zbiorów danych. Prognoza klasyfikacyjna, która została stworzona przy użyciu danych, jest połączona i uporządkowana w celu poprawy ostatecznej dokładności przewidywań. Ponieważ próbki taśmy startowej są wzajemnie niezależne, uczenie się może być prowadzone równolegle.

Również, losowy las znaleziony przez (Breiman, 2001), to samo dotyczy workowania. Jest to narzędzie do nauki maszynowej, w którym prognozy regresji i klasyfikacji tworzone na podstawie wielu zbiorów danych szkoleniowych są łączone i układane w celu poprawy ostatecznego wyniku dokładnej klasyfikacji. Jednakże tak długo, jak pakowanie stosuje wszystkie zmienne wejściowe w celu wygenerowania każdego drzewa decyzyjnego, algorytm losowych lasów stosuje podzbiory, z których losowo pobierane są próbki zmiennych w celu przeprowadzenia każdego drzewa decyzyjnego. Oznacza to, że las losowy jest lepiej przystosowany niż pakowanie w worki do celów analizy danych przestrzennych. Ponadto, Boosting jest techniką uczenia się maszynowego. Podczas gdy losowe wycinanie lasów i worków wymaga samodzielnej nauki, Boosting stosuje naukę sekwencyjną (Schapire, 1999), (Shapire i Freund 2012). W Boosting, na podstawach nadzorowanej nauki, wagi są sukcesywnie dostosowywane i uzyskuje się wiele efektów uczenia się. Wyniki są następnie integrowane i łączone w celu zwiększenia najwyższej dokładności. Najczęściej stosowanym algorytmem w Boostingu jest AdaBoost, który znalazł (Freund i Schapire, 1996).

Kiedy stosuje się pakowanie w worki z drzewami decyzyjnymi, mniej uwagi poświęcamy wyposażeniu poszczególnych drzew w dane szkoleniowe. W celu zwiększenia efektywności, poszczególne drzewa decyzyjne są głęboko uprawiane (jak mało próbek szkoleniowych w każdym węźle liści w drzewie), a drzewa nie są przycinane. Drzewa te będą miały zarówno niski kąt nachylenia, jak i wysoką wariancję. Są one zasadniczo scharakteryzowane z pod-modeli podczas integrowania prognoz przy użyciu algorytmu workowania.

W znaczeniu zmiennym, ponieważ drzewa decyzyjne są przewodnikami i kombinacją, może obliczyć, jak bardzo zminimalizowano funkcję błędu dla danej zmiennej w każdym punkcie podziału.
W problemach regresji może to być redukcja błędu sumy kwadratowej, a w problemach klasyfikacyjnych, może to być wynik Giniego.
Ograniczenie błędu można uśredniczyć dla wszystkich wyników drzew decyzyjnych, aby oszacować znaczenie każdego z przewidywaczy. Im większa redukcja przy wyborze zmiennej, tym większe znaczenie.
Wyjścia mogą pomóc określić podzbiory predyktorów lub zmiennych wejściowych, które mogą być najmniej lub najbardziej związane z problemem i sugerować przy ewentualnych eksperymentach z wyborem cech, które zmienne powinny zostać usunięte z zestawu danych.
Bagging learning jest jednym z narzędzi uczenia się w zespole. Technika ta może być stosowana do łączenia wielu algorytmów w celu uzyskania jednego wyniku opartego na uśrednianiu lub głosowaniu, lub może być użyta dla tego samego algorytmu, takiego jak Lasów Losowych i Drzewa Pobudzonego.
Wynik będzie tak ulepszony, ponieważ Bagging będzie stosowany w tym samym algorytmie i wykorzysta wszystkie algorytmy badania w jednej prognozie.
Bagging uczenia się lub uczenie się w zespole zwykle nie może poprawić dokładności więcej niż algorytmy wykorzystywane do rozwiązania tych samych danych dla procesu baggowania; powodem jest to, że istnieje duża luka między dokładnością algorytmu 1 i 2. Tak więc, dokładność poprawi się

dla algorytmu, który daje złe przewidywania, a dokładność zostanie zmniejszona dla algorytmu, który zapewnia najwyższą dokładność. Tak więc najlepszy wynik uzyskuje się z algorytmu, który dał najwyższą dokładność.

Wybieramy wysokiej klasy profesjonalne algorytmy do przewidywania wyników. Random Forests i Boosted tree stosowane do klasyfikacji produkcji, wynikiem jest głosowanie na najlepsze popularne instancje ze wszystkich produkcji poszczególnych drzew. Jednakże, w przypadku problemu regresji, ostateczny wynik będzie oparty na uśrednianiu wydajności każdego drzewa. Interaktywne drzewo i CHAID są standardowymi algorytmami nie stosującymi nauczania zespołowego.

6 Studium przypadku

Badanie to ma na celu zrozumienie możliwego zastosowania eksploracji danych w przemyśle włókienniczym, w szczególności w pomiarze wydajności pracownika w celu wypłacenia odpowiednich pieniędzy dla właściwego pracownika. Opublikowano wiele informacji na temat zastosowania technologii data mining. Niewiele jest jednak opublikowanych informacji na temat jego zastosowania w ocenie i pomiarze wydajności, aby zapewnić wysoką wydajność operacji produkcyjnych. Podejście oparte na studium przypadku zostało wykorzystane, aby pomóc zrozumieć, w jaki sposób algorytmy eksploracji danych mogą być stosowane w produkcji tekstyliów. Celem tego badania jest zastosowanie nauki o pakowaniu w worki w celu poprawy dokładności klasyfikacji. Dane zebrano z raportów oceniających dla pracowników odpowiedzialnych za obsługę maszyny włókienniczej i wykonywanie ciężkiej pracy.

Dane zebrane od libijskiego przedsiębiorstwa włókienniczego mają 12 atrybutów i 121 przypadków dla każdego atrybutu. Zależność lub wydajność jest oceną; wybierana jest jako miara wydajności każdego pracownika.

6.1 Wejścia Zmienne z kolekcji danych:

1- Operator: pracownik odpowiedzialny za procesy produkcyjne i produkcyjne. 2- Numer odznaki: numer referencyjny, który nadano każdemu pracownikowi.

3- Tytuł pracy: konkretna praca powinna być wykonywana w jednostkach produkcyjnych.

4- Produkcja podstawowa: minimalna ilość produkcji powinna zostać osiągnięta, aby uzyskać pełne wynagrodzenie. **5-** Osiągnięta produkcja: rzeczywista wielkość produkcji.

6- Wynagrodzenie motywacyjne: pieniądze wypłacane pracownikowi, który przekroczył produkcję podstawową. **7-** Production Rate: stosunek między rzeczywistą produkcją a produkcją podstawową.

8- Wydajność pracy: procentowa wydajność, jaką każdy pracownik otrzymał od przełożonego, który mierzy rzeczywistą wydajność (wydajność mierzona przez bezpośredniego przełożonego nie została jeszcze potwierdzona przez najwyższe kierownictwo).

9- Maszyna: w firmie są dwa rodzaje maszyn, stare maszyny (wysoka jakość i powolna wydajność) oraz nowe maszyny (szybka wydajność i średnia jakość).

10- Produkt: firma produkuje pięć rodzajów dywanów, ale najważniejszą wykładziną jest wykładzina tkana.

11- Upływ czasu: określony czas chciał wyprodukować określoną ilość.

12- Jednostka: firma posiada siedem jednostek, z których każda przeznaczona jest do realizacji części zadania.

Zmienna zależna jest EVALUACJĄ.

1- Jeżeli pracownik osiągnął mniej niż produkcja podstawowa, kierownictwo wypłaci tylko część wynagrodzenia. 2- Jeżeli pracownik osiągnął produkcję podstawową, kierownictwo wypłaci pełne wynagrodzenie.

3- Jeżeli pracownik osiągnął więcej niż produkcja podstawowa, kierownictwo wypłaci pełne wynagrodzenie plus zachęty.

Rysunek 7 przedstawia zmienne wejściowe, które zastosowano do prognozowania oceny, a tabela 2 przedstawia część danych rzeczywistych, które zastosowano w badaniu.

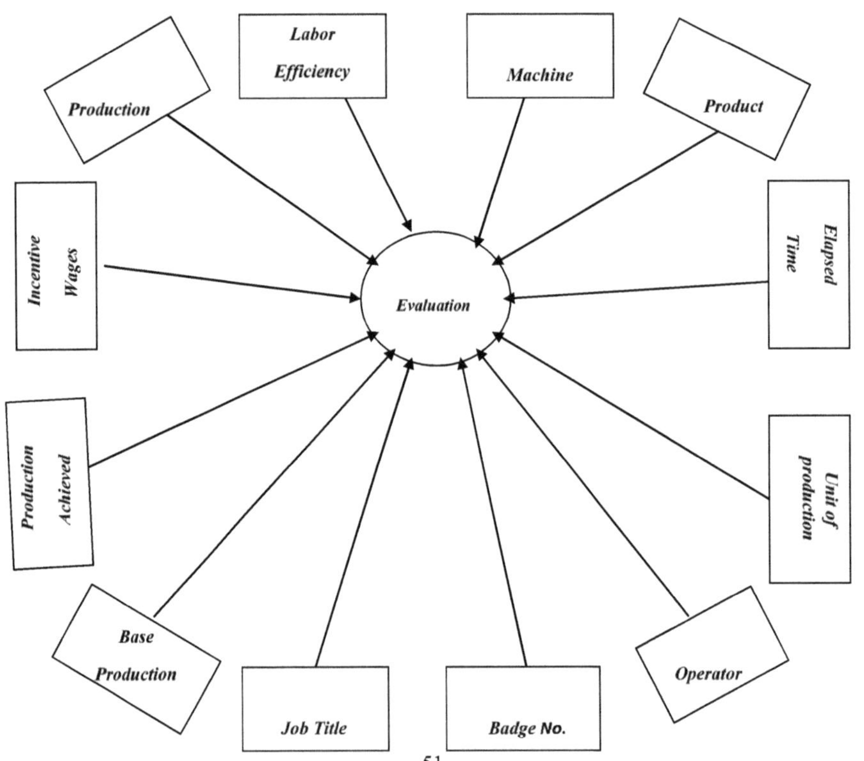

Rysunek 7. Zmienne wejściowe sklasyfikowane według procesu oceny

Rzeczywista tabela, która była analizowana, zawierała 12 predyktorów i jedną zmienną zależną. Każdy predyktor ma 121 instancji; wszystkie instancje zostały starannie zebrane, aby zbudować solidną decyzję.

Tabela 2. Zrzut ekranu dla części zbioru danych z badań

Operator	Odznaka Nie	Tytuł stanowiska pracy	Produkcja podstawowa	Osiągnięta produkcja	Wynagrodzenia motywacyjne	Wskaźnik produkcji	Efektywność pracy	Maszyna	Produkt	Upłynęło trochę czasu.	Jednostka	Ocena
1A	1366	FRONT WEAV	1071.24	1618.11	309.712	0.662031629	0.66	nowy	5	16	7	wartość średnia
2A	1381	FRONT WEAV	867.28	1249.16	275.963	0.694290563	0.7	nowy	5	10	3	zacny
3A	1406	FRONT WEAV	911.32	1368.71	264.601	0.665824024	0.67	nowy	2	6	4	zacny
4A	1407	FRONT WEAV	838.08	1264.71	335.786	0.662665749	0.66	nowy	3	12	5	wartość średnia
5A	1662	FRONT WEAV	651.32	1115.37	344.816	0.583949721	0.6	stary	1	9	6	wspaniały
6A	1864	BACK WEAVE	620	608.81	410.41	1.018380119	0.94	stary	1	12	5	wspaniały
7A	1911	MENDER	2220	300.4	131.1	7.390146471	0.95	nowy	1	14	2	zacny
8A	2297	FRONT WEAV	934.4	1420.69	317.443	0.657708578	0.66	nowy	5	7	5	wartość średnia
9A	2350	FRONT WEAV	671.76	1350.93	509.843	0.497257445	0.5	nowy	3	8	3	wartość średnia

6.2 Metodologia

Ocena wydajności jest bardzo ważnym krokiem dla każdej firmy poszukującej odpowiednich nagród dla swoich pracowników. Wiele instytucji i firm zatrudnia pracowników z przygotowanymi wynagrodzeniami, nagrodami i ubezpieczeniami. Co jednak, jeśli pracownik przeszedł rozmowę kwalifikacyjną i nie zakwalifikował poleceń bezpośredniego kierownika w rzeczywistym systemie. Ocena wydajności opiera się na spełnieniu wymienionych wymagań, więc jeśli jedno lub więcej wymagań nie zostanie osiągnięte, wówczas wydajność spadnie dla pracownika. Jednak pytanie, które należy sobie zadać, czy pracownik nie spełnił pewnych wymagań, zwalnia? Alternatywnie, zdobądź doświadczenie pozostając w pracy, kształcąc się i pracując. Ocena o wysokiej wydajności spotyka się z właściwymi nagrodami. Istnieje wiele wskaźników wpływających na ocenę, takich jak doświadczenie, umiejętności, wykształcenie, wiek, czas i inne. Jednakże w rzeczywistym procesie wskaźniki oceny zostaną podniesione do poziomu osiągniętej produkcji, wynagrodzeń motywacyjnych, tytułu zawodowego, wydajności pracowników, rodzaju produktu, czasu, kodu operatora, typu maszyny i innych atrybutów opartych na rodzaju produkcji i produkcji.

Zbieranie zmiennych jest ważnym procesem uzyskiwania profesjonalnych wyników. Poprzez zbieranie powiązanych ze sobą zmiennych, przewidywanie oceny będzie tak bliskie rzeczywistości. Zmienne muszą być zbierane z rzeczywistej wydajności, aby uzyskać dokładną ocenę poprzez analizę danych, wydobycie wiedzy i interpretację wyników w celu uzyskania poprawy.

Eksploatacja danych jest wybierana w celu analizy procesu na podstawie wyników oceny. Drzewo decyzyjne jest ważnym algorytmem w eksploracji danych, który został wybrany w oparciu o zmodernizowane algorytmy drzewa decyzyjnego, takie jak Lasów Losowych, Drzewo Pobudzone, Drzewo CHAID i Drzewo Wyczerpujące CHAID. Algorytmy te wykorzystywane są do przewidywania zmiennych zależnych (Evaluation) w oparciu o trzy klasy (Average, Good, Excellent), więc wyniki przewidywań zostały zapakowane i przegłosowane w oparciu o najpopularniejsze klasy w celu poprawy przewidywań, wyodrębnienia ważnych zmiennych i podjęcia decyzji o rozpoczęciu działań na rzecz ulepszeń.

Przed zastosowaniem technik ulepszonych w oparciu o drzewo decyzyjne, wiele algorytmów eksploracji danych zastosowanych w celu potwierdzenia specyficznego algorytmu, który może zajmować się danymi przemysłowymi w studium przypadku. Badanie przesiewowe w oparciu o selekcję cech zastosowało się do przewidzenia najważniejszych zmiennych. Później, osiem wyekstrahowanych zmiennych posłużyło do budowania przewidywań z wykorzystaniem algorytmów drzewa decyzyjnego. Rysunek 8 przedstawia metodologię badania.

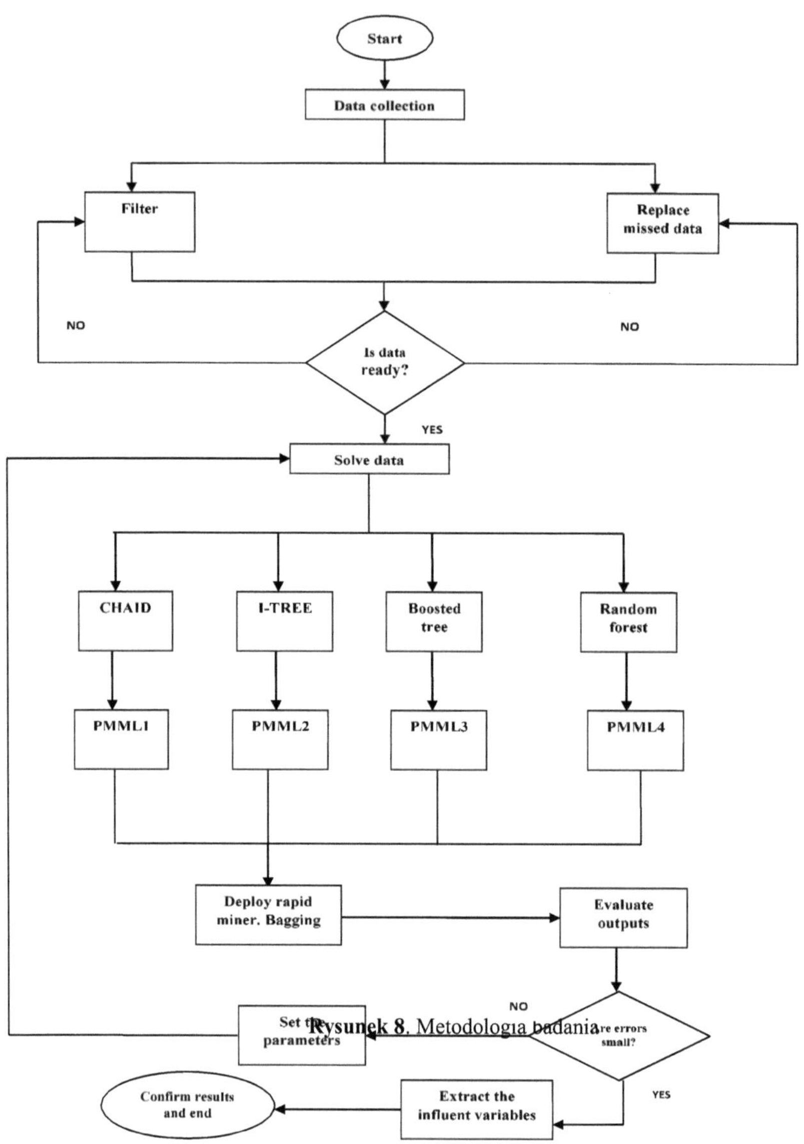

Rysunek 8. Metodologia badania

6.3 Badanie przesiewowe w oparciu o przewidywania (Predictor Screening)

Termin curses wymiarowości (Bellman, 1961) i (Bishop, 1995) odnosi się zazwyczaj do trudności występujących w modelach dopasowania, optymalizacji funkcji w wielu wymiarach lub szacowania parametrów.

Wraz ze wzrostem wymiarowości przestrzeni danych wejściowych (liczby predyktorów atrybutów), uzyskanie globalnej optymalizacji przestrzeni parametrów (dla przypadków, w celu dopasowania modeli) staje się zbyt trudne. Praktycznie, trudności niektórych modeli, na przykład sieci neuronowych, stają się niemożliwe do opanowania, gdy liczba zmiennych wejściowych do modelu przekroczyła kilkaset lub nawet mniej. Dlatego łatwo jest w praktyce wybrać i wyświetlić istotne zmienne spośród dużego zestawu zmiennych prognozujących, które są najprawdopodobniej użyteczne do przewidywania wyników (zmiennych ewaluacyjnych) będących przedmiotem zainteresowania.

Celem modułu Predictor Screening jest wybór zestawu zmiennych predyktorowych w oparciu o zmienną zależną z dużej listy kandydatów, co pozwala skupić się na bardziej profesjonalnym zestawie do dalszej analizy. Moduł Predictor Screening optymalnie obsługuje predykatory kategoryczne i ciągłe, a następnie szacuje ich moc predykcyjną, która może poprawić dokładność i uzyskać zaawansowany wynik przy użyciu wpływowych zmiennych predykcyjnych.

Wybrane funkcje służą do zwiększenia dokładności poprzez ignorowanie zmiennych o niskiej wydajności, co prowadzi do zmniejszenia dokładności klasyfikacji danych. Wiele algorytmów zastosowanych w tym badaniu, ale dokładność nie przekroczyła 71%, więc ta dokładność nie pomaga w podjęciu właściwej decyzji. Uważaliśmy, że niektóre atrybuty nie działają dobrze do przewidywania i należy usunąć z zestawu danych. Zgodnie z wynikiem wyboru funkcji, usunięto cztery atrybuty, takie jak (jednostka, produkt, czas, który upłynął i maszyna). Wybór cech jest przedstawiony w tabeli 3. Wpływ zmiennych mierzony jest na podstawie wartości P i wartości Chi-kwadratu.

Tabela 3. Wybór cech

Przewidywarki wejściowe	**Chi-Square**	**Wartość P**	**Zmienna liczba**
Operator	242.0000	0.000000	1
Tytuł stanowiska pracy	30.1333	0.000000	3
Odznaka Nie.	55.6470	0.000000	2
Wskaźnik produkcji	133.9668	0.000000	7
Wydajność pracy	187.5764	0.000000	8
Produkcja podstawowa	51.2168	0.000000	4
Wynagrodzenia motywacyjne	83.2093	0.000000	6
Osiągnięta produkcja	27.1449	0.000140	5

Jednostka	11.7627	0.301250	12
Produkt	6.4121	0.601180	10
Czas, który upłynął	6.3258	0.610790	11
Maszyna	0.7942	0.672260	9

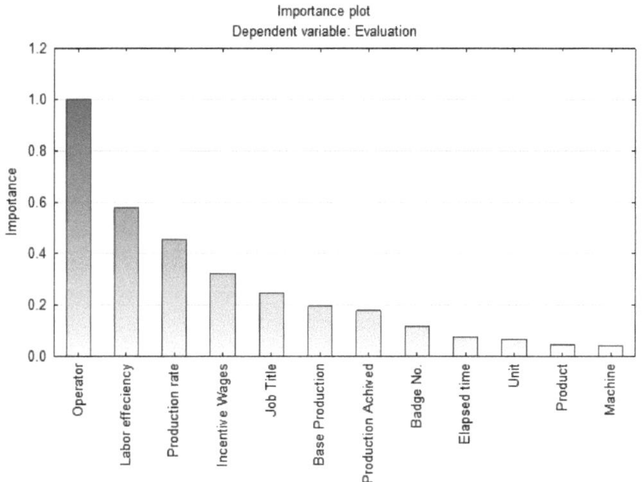

Rysunek 9. Wyjście ekranowania predyktorowego

Osiągając ten etap analizy, kierownictwo nie może przewidzieć właściwej decyzji, kto zasługuje na część wynagrodzenia, pełne wynagrodzenie lub pełne wynagrodzenie plus zachęty, ponieważ nie ma wyraźnego związku lub interakcji pomiędzy zmiennymi. Algorytmy drzew decyzyjnych będą przewidywały zależności i interakcje w oparciu o poziomy oceny. W tabeli Predictor Screening, zmienne wejściowe zostały uszeregowane na podstawie najważniejszej zmiennej mającej wpływ na wynik oceny. *P-value* pokaże rzeczywisty efekt na podstawie wartości, jeśli *P-value* = 0, wtedy zmienna wejściowa jest bardziej znacząca, jeśli *P-value* równa się liczbie mniejszej niż 0,05, zmienna wejściowa ma znaczenie dla wyjścia, a jeśli *P-value* przekroczyła 0,05, to zmienna wejściowa jest nieistotna. Proces ten można uznać za etap wstępnego przetwarzania w eksploracji danych, ponieważ na tym etapie zbiór danych został oczyszczony i oczyszczony w celu uzyskania profesjonalnych wyników.

6.4 Proces głosowania w oparciu o wybór zmienny

W ramach badania przesiewowego metodą prognozowania wyodrębniliśmy i zatwierdziliśmy tylko osiem zmiennych w celu przewidzenia zmiennej ewaluacyjnej, tak więc analiza każdego drzewa nakreśliła najważniejsze zmienne, na podstawie których zmienna wywarła największy wpływ na wynik. Zmienna operatora uszeregowała pierwszą ważną zmienną w zbiorze danych, następnie tytuł pracy, numer odznaki, wskaźnik produkcji, wydajność pracownika, produkcję bazową, wynagrodzenia motywacyjne oraz

Produkcja Osiągnięto odpowiednio. Dalsza analiza tych zmiennych oznacza więcej usuniętych zmiennych i wydobycie najważniejszego wpływu na ocenę. Tabela 4 przedstawia znaczenie predyspozycji dla każdego z algorytmów.

Tabela 4. Znaczenie przewidywań

Pobudzone drzewo	**Lasy losowe**	**Wyczerpujący CHAID**
Operator	Operator	**Odznaka Nie.**
Wydajność pracy	Wydajność pracy	**Produkcja podstawowa**
Wskaźnik produkcji	Wskaźnik produkcji	**Osiągnięta produkcja**
Wynagrodzenia motywacyjne	Tytuł stanowiska pracy	**Wynagrodzenia motywacyjne**
Tytuł stanowiska pracy	Wynagrodzenia motywacyjne	**Wskaźnik produkcji**
Produkcja podstawowa	**Odznaka Nie.**	**Wydajność pracy**
Osiągnięta produkcja	Produkcja podstawowa	**Operator**
Odznaka Nie.	Osiągnięta produkcja	**Tytuł stanowiska pracy**

Przewidywany wybór Exhaustive CHAID zostanie zignorowany, ponieważ algorytm nie uzyskał dokładnego rankingu dla zmiennych i to pokazało się w wynikach. Błąd standardowy jest równy zeru w algorytmie CHAID i nie jest rzeczywistym wynikiem przewidywań dla żadnego analizatora danych, zwłaszcza danych, które zostały rozwiązane to dane przemysłowe. Algorytm ten zostanie jednak wykorzystany do dalszej analizy w pakowaniu jako wsparcie dla wyników innych algorytmów; oznacza to, że wszystkie cztery algorytmy zostaną zapakowane, aby uzyskać ostateczny wynik. Ponadto algorytm CHAID nie jest w stanie wyświetlić przewidywanej zmiennej, zwłaszcza w programie STATISTICA.

Wyniki losowo wybranych lasów i wzmocnionego drzewa potwierdzą wybór najważniejszych zmiennych, które w całości odnoszą się do wyników oceny.

Ranking Operatora, Wydajności Pracownika i Szybkości Produkcji odpowiadał tej samej pozycji w obu algorytmach, co w tabeli 5. W związku z tym prognozy te zostaną potwierdzone w celu podjęcia ostatecznej decyzji.

6.5 Błąd standardowy, szczegóły i pomiary

Błąd standardowy w statystyce (zazwyczaj oszacowanie parametru) jest odchyleniem standardowym jego rozkładu próby (Everitt, 2003), lub oszacowanie, jakie odchylenie standardowe. Jeśli statystyka lub parametr jest średnią, to jest nazywany średnim błędem standardowym.

Rozkład próbkowania średniej wielkości populacji jest uzyskiwany poprzez rejestrowanie uzyskanych środków i powtarzane próbkowanie. Te formy różnych środków dystrybucji i rozkładu mają swoją wariancję i średnią. Zazwyczaj otrzymana wariancja rozkładu próby jest równa wariancji populacji w stosunku do wielkości próby. Jest to spowodowane wzrostem wielkości próby; klaster próby oznacza, że jest ona bardziej zbliżona do średniej populacji.

Tak więc związek pomiędzy odchyleniem standardowym a błędem standardowym jest taki, że dla danej wielkości próbki błąd standardowy jest równy odchyleniu standardowemu nad pierwiastkiem kwadratowym dla wielkości próbki. Błąd standardowy średniej jest miarą średniej próbki oznacza rozproszenie wokół środków populacji. W analizie regresji "błąd standardowy" odnosi się albo do błędu standardowego dla danego współczynnika regresji, albo do pierwiastka kwadratowego zredukowanej statystyki chi-squared.

Wartość wskaźnika błędu przedstawia skuteczność każdego z algorytmów służących do przewidywania danych. Jeśli wskaźnik błędu jest wysoki, to wynik algorytmu może zostać zignorowany, ponieważ przewidywania są dalekie od rzeczywistych obserwacji. W tabeli 5 wszystkie wyniki zostały zaakceptowane.

Tabela 5. Wskaźnik błędu dla każdego algorytmu

Algorytm	**Model Boost Tree Model drzewa**	**Model CHAID**	**Wyczerpujący model CHAID Model CHAID**	**Leśny model losowy**
Wskaźnik błędu	0.025210	0.00	0.025210	0.042017

Dane sklasyfikowane według trzech poziomów: Średnia, Dobra i Doskonała. Większość danych sklasyfikowanych prawidłowo i bardzo małych została zaklasyfikowana jako "missclassified". Dane dla 121 pracowników, każdy pracownik musi uzyskać prawidłową ocenę. Używając algorytmu workowania lub głosowania, otrzymaliśmy następującą klasyfikację: - Ocena dla średniej, całkowita średnia wyniosła 27, a głosowana średnia przewidywała 27.

Ocena za dobre, całkowite dobre było 62, a głosowanie przewidywało dobre 62.

Ocena za ocenę doskonałą, całkowita ocena doskonałości wyniosła 30, a głosowanie przewidywało ocenę doskonałą 29; tylko jeden przypadek nieudanej próby.

Prognoza, która została wykonana przy użyciu algorytmu workowania, może zobaczyć w tabeli 6. najwyższą dokładność 99,16% uzyskaną przez zastosowanie wszystkich drzew decyzyjnych w jednym modelu w celu uzyskania przewidywanego wyniku.

6.6 Podsumowanie tabeli częstotliwości

W tabeli 6 dzielimy dokładność według każdego poziomu (średni, dobry, doskonały), aby pokazać, który poziom ma najwyższe przewidywania w zależności od częstotliwości. Średnia ocena sklasyfikowana w 100%, dobra ocena sklasyfikowana w 100%, a doskonała ocena sklasyfikowana w 96,97%.

Tabela 6. Podsumowanie częstotliwości

	Ocena	Głosowanie przewidziane Średnia głosowań	Głosowanie na "Przewidywany dobry".	Głosujący przepowiedziany Doskonały.	Wiersz Razem
Liczenie	**wartość średnia**	27	0	0	27
Kolumna procent		96.43%	0.00%	0.00%	
Wiersz w procentach		100.00%	0.00%	0.00%	
Całkowity procent		22.69%	0.00%	0.00%	22.69%
Liczenie	**zacny**	0	62	0	62
Kolumna procent		0.00%	100.00%	0.00%	
Wiersz w procentach		0.00%	100.00%	0.00%	
Całkowity procent		0.00%	52.10%	0.00%	52.10%
Liczenie	**wspaniały**	1	0	29	30
Kolumna procent		3.57%	0.00%	100.00%	
Wiersz w procentach		3.33%	0.00%	96.67%	
Całkowity procent		0.84%	0.00%	24.37%	25.21%
Liczenie	**Wszystkie Grps**	28	62	29	119
Procent		23.53%	52.10%	24.37%	

Część przewidywań można zobaczyć w tabeli 7. W tabeli przedstawiono wydajność każdego z algorytmów, a w szczególności algorytmu "Bagging". Kolor czerwony oznacza przypadki, które nie zostały sklasyfikowane (brak klasyfikacji jest pogrubiony i podkreślony). Z tej części można zaobserwować pewne notatki, w pierwszym rzędzie możemy zobaczyć obserwowaną wartość (Średnia poprawnie przewidziana przez model CHAID i Lasy Losowe. Jednakże, wyczerpujący model CHAID i Boosted Tree błędnie sklasyfikowały instancję, a Algorytm Bagging głosował na najbardziej popularną instancję (Good) również jako błędną. Pytanie brzmi: w jaki sposób worek głosuje na (Dobry)? Nie ma najpopularniejszej instancji w rzędzie 1, ponieważ mają taką samą szansę na poprawne przewidzenie w ostatniej kolumnie (algorytm baggowania). Odpowiedź na to pytanie jest taka, że Bagging głosuje na najbardziej popularne instancje i na najwyższe prawdopodobieństwo (prawdopodobieństwo, które należy poprawnie przewidzieć). Tak więc wpływ workowania z Boosted Tree i Exhaustive CHAID jest większy niż model CHAID i Random Forests. Ponadto, przechodząc do wiersza 2, możemy zobaczyć, że workowanie poprawnie przewidziało zmienną zależną, ponieważ w tym przypadku przewidziało wyjście oparte na najbardziej popularnych instancjach (3 DOBRZE instancje) i (1 instancja AVERAGE), wynik jest (DOBRY instancja) w kolumnie predykcyjnej jako zmienna zależna w zbiorze danych.

Tabela 7. Przewidywanie każdego algorytmu dla 15 z 121 przypadków

Obserwowana wartość	Zwiększone przewidywania dotyczące drzew	CHAID przewidywanie modelu	Wyczerpujące Przewidywanie modelu CHAID	Przypadkowe Przewidywanie modelu lasu	Pakowanie Algorytm (głosowanie)
wartość średnia	zacny	wartość średnia	zacny	wartość średnia	zacny
zacny	zacny	wartość średnia	zacny	zacny	zacny
zacny	zacny	wartość średnia	zacny	wartość średnia	zacny
wartość średnia	zacny	wartość średnia	zacny	wartość średnia	zacny
wspaniały	wartość średnia	wartość średnia	zacny	wartość średnia	wartość średnia
wspaniały	wspaniały	wartość średnia	zacny	wspaniały	wspaniały
zacny	wspaniały	zacny	zacny	wspaniały	wspaniały
wartość średnia	zacny	wartość średnia	zacny	wartość średnia	zacny
wartość średnia	wartość średnia	wartość średnia	zacny	wartość średnia	wartość średnia
zacny	zacny	wartość średnia	zacny	zacny	zacny
wartość średnia	wartość średnia	wartość średnia	zacny	wartość średnia	wartość średnia
wartość średnia	wartość średnia	wartość średnia	zacny	wartość średnia	wartość średnia
zacny	zacny	wartość średnia	zacny	zacny	zacny
wartość średnia	wartość średnia	wartość średnia	zacny	wartość średnia	wartość średnia
wartość średnia	wartość średnia	wartość średnia	zacny	wartość średnia	wartość średnia

6.7 Wykresy wyników

Wykres zysków ustanawia wizualne podsumowanie zainteresowania informacjami prowadzonymi przez jeden lub więcej modeli statystycznych w celu przewidzenia kategorycznej (dwumianowej) zmiennej wyjściowej (zmiennej odpowiedzi). Dla zmiennych wielomianowych (wielokategorii) zależnych w Wykresach Zysków można obliczyć dla każdej kategorii, tak jak w tym badaniu istnieje zmienna wielomianowych zależnych (średnia, dobra i doskonała).

Wykres zysków jest stosunkiem dokładnych przewidywań do całkowitej liczby odpowiedzi tej kategorii przy różnych percentylach. Pokazuje wydajność modelu w porównaniu z sytuacją wyjściową; daje wskazówki dotyczące wydajność algorytmu. Tak więc wykres zysków pokazuje odsetek obserwacji prawidłowo zaklasyfikowanych dla danej kategorii jako średnie, dobre i doskonałe.

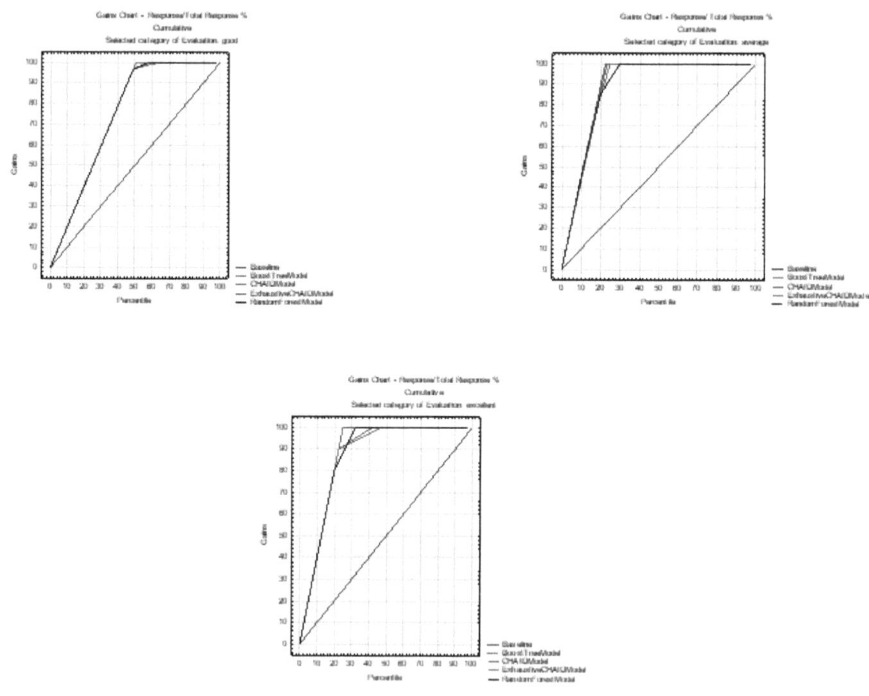

Rysunek 10. Wykresy GAIN dla klasyfikacji przeciętnej, dobrej i doskonałej

Na wykresie dynamiki 10 musimy zmaksymalizować przestrzeń między krzywymi i linią podstawową. W przypadku klasyfikacji średniej i doskonałej model CHAID daje najwyższy obszar pomiędzy prognozą linii podstawowej i algorytmu, natomiast w przypadku klasyfikacji dobrej model EXHAUSTIVE CHAID zapewnia najwyższy obszar pomiędzy linią podstawową i krzywą. Dlatego najlepsze wyniki osiągnięto dzięki modelom CHAID i EXHAUSTIVE CHAID.

6.8 Charakterystyka pracy odbiornika (krzywa ROC)

Akronim krzywej ROC jest dla (Receiver Operating Characteristic) jest wykres graficzny, który pokazuje zdolność do diagnozowania binarnego klasyfikującego i wielomianowych wyników.
Krzywa ROC jest ustalana poprzez wykreślenie wartości rzeczywistej dodatniej (TPR) w stosunku do wartości fałszywie dodatniej (FPR) przy odpowiednich ustawieniach progowych. Ponadto, rzeczywisty wskaźnik dodatni jest rozpoznawany jako czułość, prawdopodobieństwo wykrycia w uczeniu się lub wycofaniu maszyny. Ponadto wskaźnik fałszywie dodatni jest rozpoznawany jako prawdopodobieństwo wystąpienia fałszywego alarmu lub błąd i można go obliczyć jako (1 - swoistość). Może być znany jak wykres mocy jako funkcja błędu typu I w regule decyzyjnej (gdy wydajność jest obliczana tylko z próbki populacji, może być znany jako estymatory tych wielkości). W związku z tym krzywa ROC jest czułością jako funkcja awaryjna. Zazwyczaj, jeśli rozkłady prawdopodobieństwa dla fałszywego alarmu i wykrywania są rozpoznawane, krzywa ROC może być obliczona poprzez wykreślenie funkcji rozkładu skumulowanego (obszar pod rozkładem prawdopodobieństwa (nieskończoność ujemna) do progu dyskryminacji) prawdopodobieństwa wykrycia w osi y względem funkcji skumulowanego rozkładu prawdopodobieństwa fałszywego alarmu na osi x.
Aplikacja ROC prowadzi narzędzia do wyboru możliwie optymalnych modeli i do samodzielnego odrzucania modeli nieoptymalnych z (i przed określeniem) rozkładu klas lub kontekstu kosztów. Analiza ROC odnosiła się naturalnie i bezpośrednio do analizy kosztów/korzyści płynących z podejmowania decyzji diagnostycznych.
Metoda krzywej ROC została po raz pierwszy wynaleziona przez inżynierów radarowych i inżynierów elektryków podczas II wojny światowej w celu wykrycia obiektów wroga na polach walki i wkrótce została przedstawiona psychologii w celu wyjaśnienia percepcyjnego wykrywania bodźców. Od tego czasu analiza ROC jest stosowana w medycynie, radiologii, biometrii, prognozowaniu zagrożeń naturalnych, (Press at el, 2014) meteorologii, (Murphy i Allan, 1996) ocenie funkcjonowania modelu, (Press at el, 2015) i innych dziedzinach przez wiele lat i jest coraz częściej stosowana w badaniach nad eksploracją danych i uczeniem się maszyn.
Wszystkie badane drzewa decyzyjne stanowią doskonały test, ponieważ wszystkie wartości znajdują się pod krzywą od 0,997585 do 1. Model CHAID zapewnia wysoki poziom swoistości i czułości dla wszystkich poziomów klasyfikacji. Obszary pod krzywą dla klasyfikacji średnich, dobrych i doskonałych wynoszą 1. Natomiast model Exhaustive CHAID daje tylko najwyższą specyficzność i czułość przy dobrym grupowaniu równą 1. Następnie wysoka wartość czułości i specyficzności pochodziła z modelu lasu losowego, wartości pod krzywą wynoszą odpowiednio 0,997585, 0,998585,

0,997753. Następnie, wzmocniony model drzewa daje powierzchnię pod krzywą mniej niż reszta modeli, ale ma również wysoką czułość i specyfikę. Rysunek 11 przedstawia klasyfikację opartą na powierzchni pod krzywą dla każdej kategorii w zmiennej wyjściowej. Zmienna zależna ma trzy przypadki: ocena średnia, dobra i doskonała.

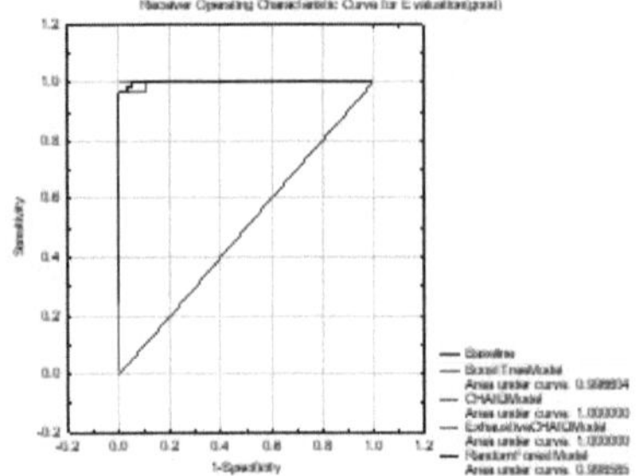

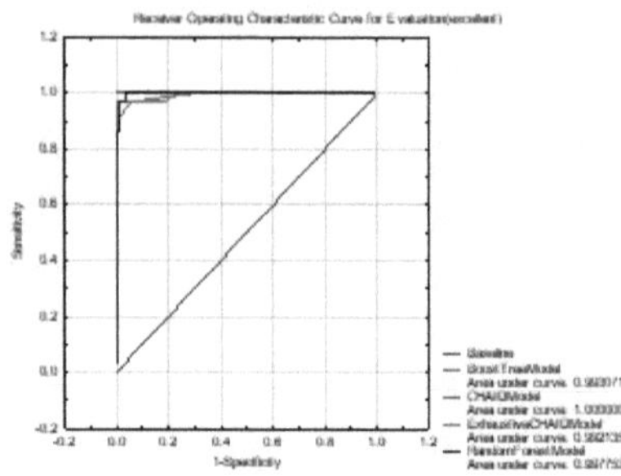

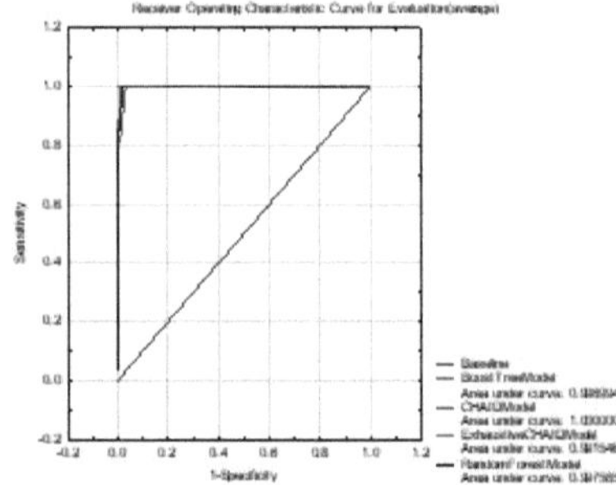

Rysunek 11. Krzywa ROC dla różnych klasyfikacji

Tabela 8 przedstawia obszar pod krzywą dla różnych poziomów klasyfikacji przy użyciu różnych modeli drzew decyzyjnych.

Tabela 8. Wyniki ROC dla obszaru pod krzywą

	Obszar pod krzywą		
Krzywa ROC dla algorytmów	**Średnia**	**Dobrze.**	**Doskonały**
Wzmocnienie modelu drzewa	0.996994	0.996604	0.993071
Model CHAID	1	1	1
Wyczerpujący model CHAID	0.991545	1	0.992135
Model lasu losowego	0.997585	0.998585	0.997753

Wszystkie modele drzew decyzyjnych wykonały doskonałą robotę, uzyskując wysoką dokładność, a ta dokładność pomaga algorytmowi workowania dać również wysoką dokładność, budując nową dokładność zgodnie z dokładnością poprzedniego modelu. Dokładność 99,16% jest ekscytująca, jeśli chodzi o podejmowanie właściwych decyzji przez najwyższe kierownictwo.

Tabela 9 przedstawia dokładność każdego algorytmu drzew decyzyjnych oraz algorytmu znakowania.

Tabela 9. Dokładność dla każdego algorytmu

Algorytm	**Ogólna dokładność**
Las losowy	94.21%
Pobudzone drzewo	95.87%
Drzewo interaktywne	95.87%
Drzewo CHAID	98.35%
Głosowanie lub pakowanie	99.16%

Wartości dokładności wynoszą od 94,21% do 98,35%, a algorytm baggingu rozwinął dokładność do 99,16%. Dlatego też uczenie się w zespole jest dobrą strategią stosowaną w celu poprawy dokładności, ale w celu poprawy dokładności powinniśmy skupić się na tych punktach:

1- Wybierz solidny algorytm, który jest w stanie obsłużyć wszystkie zestawy danych.

2- Usuń słabe zmienne, które mają słaby związek z wyjściem.

3- Przetwarzanie wstępne danych przy użyciu odpowiedniego filtra, jeśli dane mają jakąkolwiek hałaśliwą lub słabą korelację. 4- Wykorzystanie nauczania zespołowego w oparciu o odpowiednie algorytmy.

7 Wnioski i przyszłe prace

Kierownictwo firmy może zbudować solidne prognozy dla każdego pracownika i zapłacić odpowiednie pieniądze za ocenę, skupiając się na krytycznych czynnikach. W badaniu wykorzystano osiem zmiennych wykorzystywanych do przewidywania oceny końcowej: operator, tytuł pracy, numer odznaki, wskaźnik produkcji, wydajność pracownika, produkcja podstawowa, płace motywacyjne i osiągnięta produkcja. Podczas gdy cztery zmienne zostały zignorowane za pomocą przesiewania przepowiedni, zmienne to: jednostka, produkt, czas, który upłynął oraz maszyna.

Cztery algorytmy dały bardzo dokładny wynik i bardzo małą liczbę błędów. W badaniu, silny związek pomiędzy zmiennymi, które są w stanie dać zaawansowaną ocenę. Algorytm workowania daje bardzo wysoką dokładność, ale dokładności tej nie da się osiągnąć bez zastosowania odpowiednich algorytmów, takich jak ulepszone drzewa decyzyjne. Model CHAID dał bardzo wysoki poziom specyfiki i czułości, dzięki czemu zapewnia najwyższą przestrzeń pomiędzy krzywą bazową a krzywą modelu. Zgodnie z wynikami, kierownictwo może podjąć właściwą decyzję, koncentrując się na wpływowych zmiennych, które dały bardzo mały poziom błędu. Na przykład, ocena jest doskonała i opiera się na wskaźniku produkcji, tytule pracy, wydajności pracownika i zmiennych produkcji bazowej. Ocena jest średnia i dobra w oparciu o wskaźnik produkcji, wydajność pracy i numer odznaki. Ponadto, wydajność Operatora, Pracownika i tempo produkcji zajęły tę samą pozycję w obu algorytmach - Lasy Losowe i Drzewo Wzrastające - oraz mają tę samą rangę i wpływ na ocenę. W oparciu o to, trzy zmienne potwierdziły, że należy opracować solidną ocenę dla każdego pracownika w sektorze przemysłowym.

operacja. W przyszłej pracy; musimy zebrać różne rodzaje nieliniowych danych i zastosować więcej algorytmów eksploracji danych oprócz uczenia się maszynowego, aby uzyskać więcej relacji między zmiennymi ze skomplikowanego procesu produkcyjnego.

Odniesienia

1- Saad, H. (2018). Użycie algorytmu workowania w celu zwiększenia dokładności przewidywań dla oceny wyników pracy w przedsiębiorstwie produkcyjnym. Ind Eng Manage 7: 257. doi:10.4172/2169- 0316.1000257.

2- Saad, H. (2018). Zastosowanie górnictwa danych w procesach produkcyjnych. Inżynieria przemysłowa. Vol. 2, No. 1, 2018, str. 26-33. doi: 10.11648/j.ie.20180201.14.

3- Krogh, A. , Vedelsby, J. (1995). Zespoły sieci neuronowych, walidacja krzyżowa i aktywne uczenie się. In D. S. Touretzky G. Tesauro and T. K. Leen, eds., Advances in Neural Information Processing Systems, str. 231-238, MIT Press.

4- Breiman, L. (1994). Bagging Predictors, Technical Report 421, Department of Statistics, University of California, Berkeley.

5- Dietterich, T. (2000). Eksperymentalne porównanie trzech metod konstruowania zespołów drzew decyzyjnych: Bagging, Boosting, Randomization, Machine Learning 40, 139-158.

6- Freund, Y. and Schapire, R. (1996). Eksperymenty z nowym algorytmem pobudzającym. W trakcie trzynastej międzynarodowej konferencji na temat uczenia się maszyn, s. 148-156. Morgan Kaufmann.

7- Saad, H. , Nagarur, N. (2017). Analiza danych dotyczących wczesnego wykrywania i klinicznych stadiów raka piersi w Libii. Obrady VI Dorocznej Światowej Konferencji Towarzystwa Inżynierii Przemysłowej i Systemowej, Herndon, VA, USA 19-20 października 2017 r.

8- Saad, H., Nagarur, N. (2018). Zasady oparte na drzewach decyzyjnych Ekstrakcja na obecność raka piersi przy użyciu etapów klinicznych jako zmiennej zależnej. Obrady 7. dorocznej światowej konferencji Society for Industrial and Systems Engineering, Binghamton, NY, USA, 11-12 października 2018 r.

9- Rokach, L. , Maimon, O. (2014). Data Mining with Decision Trees: Teoria i zastosowanie. World Scientific Publishing Co.

10- Waldemar, W. , Konrad, G. (2011). Zastosowania przemysłowe w górnictwie danych. Politechnika Lubelska. Polska

11- Nirmala G, Mallikarjuna, I. B. (2014). Ocena pracy na wydziale z wykorzystaniem technologii Data Mining.

International Journal of Advanced Research in Computer Science & Technology.

12- Rohit, K. , Raj C, Sunny G, Vinayak P (2014). Data Mining: Ocena wyników pracownika przy użyciu algorytmu klasyfikacji w oparciu o drzewo decyzyjne. Nauki inżynieryjne i technologia.

13- John, M., Christopher, A. (2016). Zastosowanie klasyfikacji górnictwa danych w prognozowaniu wydajności pracowników. Międzynarodowy Dziennik Aplikacji Komputerowych.

14- Deshpande, B. (2011). Cztery kluczowe zalety stosowania drzew decyzyjnych w analizie predykcyjnej. www.learnpredictiveanalytics.com.

15- Schapire, R. , Freund, Y. (2012). Boosting: Fundacje i Algorytmy. MIT Press.

16- Biau, G., Devroye, L., Lugosi, G. (2008). Spójność losowych lasów i innych uśrednionych klasyfikatorów. Journal of Machine Learning Research, 9:2015-2033.

17- Hastie, T., T., Tibshirani, R., Friedman, J. (2013). Elementy kształcenia statystycznego. Springer, wydanie 10.

18- Criminisi, A., Shotton, J. , Konukoglu, E. (2011). Lasy decyzyjne: Jednolite ramy klasyfikacji, regresji, szacowania gęstości, uczenia się manifestacyjnego i uczenia się częściowo nadzorowanego. Fundamenty i trendy w grafice komputerowej i wizji, 7(2-3): 81-227.

19- Kass, G. V. (1980). Technika poszukiwawcza do badania dużych ilości danych kategorii. Stosowane statystyki 29 (2), 119-127.

20- Hunt, E.B., Marin, J., Stone, P.J. (1966). Eksperymenty indukcyjne. Nowy Jork i Londyn: Prasa akademicka.

21- Prasa, L. I., Rogers, M. S., Shure, G. H. (1969). Interaktywna technika analizy danych wielowymiarowych. Nauki behawioralne 14 (5), 364-370.

22- Ritschard, G. (2013). CHAID i wcześniej nadzorowane metody uprawy drzew. W J.J. McArdle & G. Ritschard (red.), Contemporary Issues in Exploratory Data Mining in Behavioral Sciences, Routeledge, New York, strony 48-74.

23- Gareth, J. , Daniela, W. , Trevor, H. , Robert, T. (2013). Wprowadzenie do nauki statystycznej. Springer. pp. 316–321.

24- Peres, D.J. , Iuppa, C. , Cavallaro, L. , Cancelliere, A. , Foti, E. (2015). Znaczące rozszerzenie rekordów wysokości fali przez sieci neuronowe i reanaliza danych wiatrowych". Modelowanie oceanu. 94: 128–

140. Kod biblijny.

25- Peres, D.J. , Cancelliere, A. (2014). "Derivation and Evaluation of Landslide-Triggering Thresholds by a Monte Carlo Approach". Hydrol. Earth Syst. Kw. 18 (12): 4913-4931. Kod biblijny: 2014HESS 18.4913P. doi:10.5194/hess-18-4913-2014. ISSN 1607-7938.

26- Murphy, A. H. (1996). "Sprawa Finleya: Wydarzenie sygnalizacyjne w historii weryfikacji prognoz". Pogoda i prognozy. 11 (1): 3-20. doi:10.1175/1520-0434(1996)011<0003: tfaase>2.0.co;2. ISSN 0882-8156.

27- Everitt, B. S. (2003). Słownik statystyczny Cambridge. CUP. JESTBN 978-0-521-81099-9. 28- Smith, K.K. , Gunzenhauser, J.D. , Fielding, J.E. (2010). Ożywiająca sprawność działania Ocena: Pierwsze kroki w lokalnym departamencie zdrowia. Pielęgniarstwo zdrowia publicznego. 27(5), 425–432. ISSN 0737-1209.

29- Verweire, K., Van den Berghe, L. (2004). Zintegrowane zarządzanie wydajnością: Nowy szum czy nowy paradygmat? W środku: K. Verweire & L. Van den Berghe, Integrated Performance Management: Przewodnik po realizacji strategicznej. Londyn: Sage Publications Ltd. 335p. WYNOSI 0-4129-0154-5.

30- Mone, E. (2011). Zarządzanie wydajnością w kole: Prowadzenie zaangażowania pracowników w organizacjach. Journal of Business Psychology. Springer Science+Business Media Publisher. 26(2), 205-212. ISSN 0889-3268.

31- Harbour, J. L. (2009). The Performance Paradox. Zrozumienie prawdziwych kierowców, którzy krytycznie wpływają na wyniki. CRC Press, Taylor i Francis Group. Książka prasowa poświęcona produktywności. Nowy Jork, 175p. WYNOSI 978-1-56327-390-2.

32- Mathis, R. L. , Jackson, J. H. (2011). Zarządzanie zasobami ludzkimi, wydanie trzynaste. South Western Cengage Learning. 622 str. ISBN 978-0-538-45315-8.

33- Mediolan, F. (2014). Praktyczny model oceny pracy pracowników. Międzynarodowa Konferencja Wiedzy i Uczenia się. Portoroz, Słowenia.

34- Peter, A. T. (2016). Pomiar wydajności do oceny. Metropolitan Housing and Communities Policy Center. the Urban Institute.

Printed by Books on Demand GmbH, Norderstedt / Germany